教科書に書かれなかった戦争
Part22
歴史を生きぬいた女たち

文《ムン》玉《オク》珠《チュ》
ビルマ戦線 楯師団の「慰安婦」だった私

〔新装増補版〕

語り・文玉珠／構成と解説・森川万智子

梨の木舎

ビルマでの体験を語る文玉珠さん　（1995 年）

まえがき

日本政府が「慰安婦は民間業者が連れ歩いたもの」といっていた一九九二年一月、私は友人たちと韓国挺身隊問題対策協議会に「元慰安婦と協議会のメンバーを招きたい」と手紙を書きました。日本政府は事実を認めようとしないけれど、少なくとも市民は、少女たちを強制連行した事実を認めているのだということをキャンペーンしたいと思ったからです。

招きに応じてムン・オクチュ（文玉珠）さんが来られることになりました。

集会準備をする中で、ある雑誌に載った記事を読んだ私は、思わず声をあげてしまいました。ムン・オクチュさんが「ビルマで軍事郵便貯金をしていた。その貯金の本社は下関郵便局だった」と語っていたからです。私はその下関郵便局で十六年間働いていたことがあり、元日本兵への軍事郵便貯金支払いに携った経験もあったのです。

ムン・オクチュさんが来日し、私たちは郵政省に対して貯金支払いを求める運動を開始しました。郵政省は日韓条約を理由に支払いを拒否しました。彼女は三度も四度も来日して郵政省と交渉し、私たちは署名運動を展開しました。こうした中で、私は、郵政省に対して貯金支払いを求めるムン・オクチュさんのきっぱりした態度や、ぽつりぽつりと語る慰安婦時代のあれこれに、強くひきこまれていったのでした。

防衛庁戦史室が編纂した公式な戦史といえる『戦史叢書』のビルマ関連の数冊をめくってみると、ムン・オクチュさんが話したのとまったく同じに楯師団が転戦している記述に出会い、驚いてしまいました。でも、そこに慰安婦は一人も登場していませんでした。これは私が書くしかないと思いました。九三年九月、彼女の住む大邱に行って彼女にそのことを申し出ました。

ムン・オクチュさんは、「森川さんの好きなように書きなさい」といってくれました。

それから二年余りテープレコーダーをまわしては少しずつ書き進めたのが本書です。

一九九六年一月

森　川　万智子

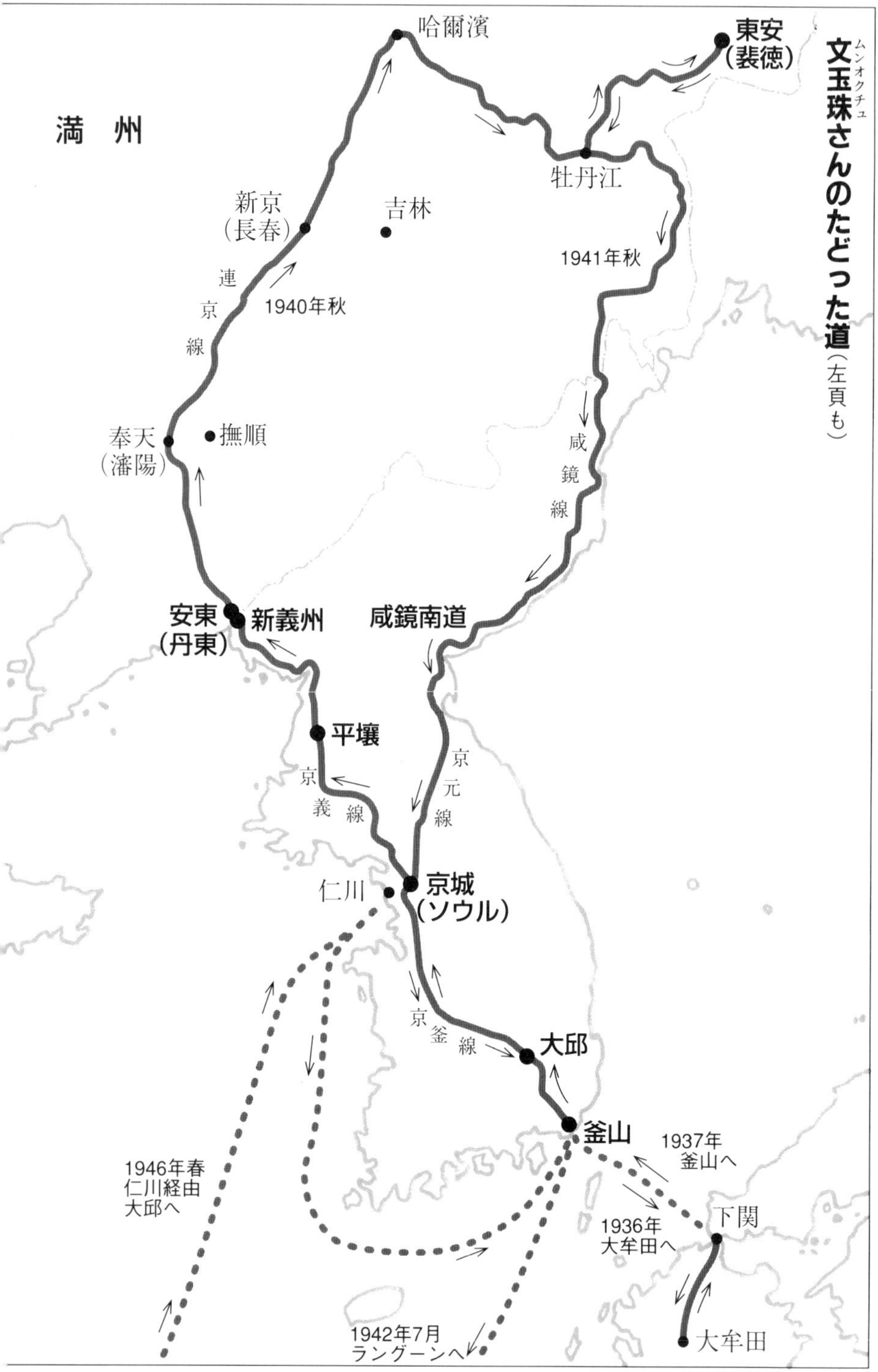

文玉珠《ムンオクチュ》さんのたどった道（左頁も）

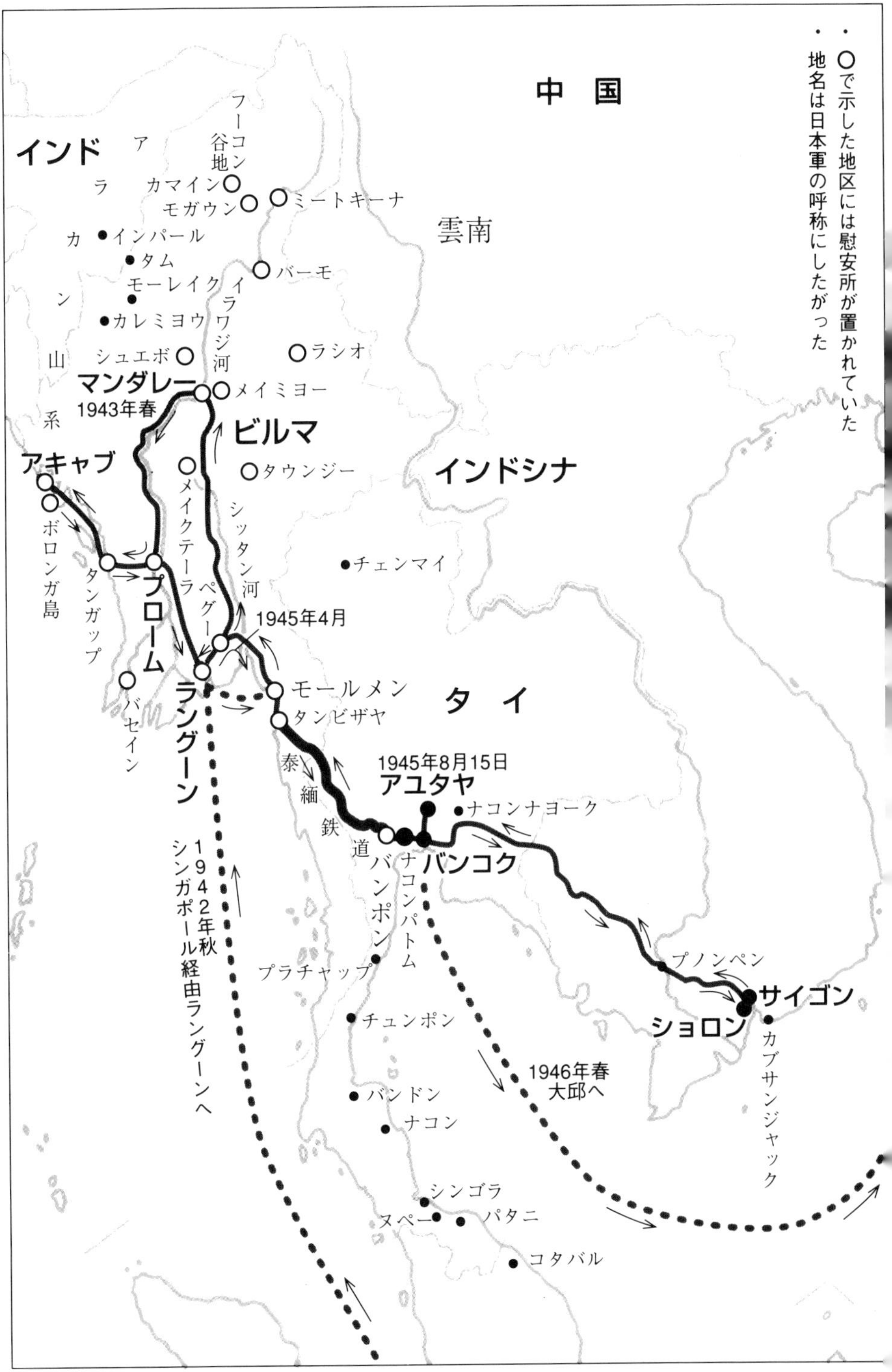
・○で示した地区には慰安所が置かれていた
・地名は日本軍の呼称にしたがった
中国
インド
アラカン山系
フーコン谷地
カマイン
モガウン
ミートキーナ
雲南
インパール
タム
バーモ
モーレイク
イラワジ河
カレミヨウ
シュエボ
ラシオ
マンダレー
メイミヨー
1943年春
ビルマ
アキャブ
メイクテーラ
タウンジー
インドシナ
ボロンガ島
シッタン河
タンガップ
プローム
チェンマイ
ペグー
1945年4月
バセイン
ラングーン
モールメン
タイ
タンビザヤ
泰緬鉄道
1945年8月15日
アユタヤ
ナコンナヨーク
バンポン
ナコンパトム
バンコク
1942年秋
シンガポール経由ラングーンへ
プラチャップ
プノンペン
サイゴン
ショロン
チュンポン
カブサンジャック
1946年春
大邱へ
バンドン
ナコン
シンゴラ
スペー
パタニ
コタバル

地図製作／㈱エルフ

目次

1　大邱に生まれて

独立運動家だった父

一九二三年、わたしの父は上海から乗った帰りの列車で、こんな夢をみたのだそうな。

大邱《テグ》にあるタルソン（達城）公園の道に、きらきら光る宝石が落ちていた。これはなんと運がいいのだろう、と大喜びして拾ったのだと。そうしたら、母がわたしを身籠もった。「ああ、夢をみたのはそのせいだったのか」と思った父は、わたしにオクチュ（玉珠）という名をつけた。

その父は若くて死んでしまった。わたしが七歳のときだった。

だれもが父のことを学識のある人だったという。若いころから朝鮮の独立運動に関係していた。いつも上海や北京、満州などあちこちを飛びまわっていたらしい。元気な父の姿を憶えていないのは、そんなふうに外国暮らしだったというから、当然かもしれない。わたしのきょうだいがそれぞれ歳が離れて生まれているのも、父が何年も家に帰らなかった証拠だ。

そのころの男はよそに女がいるのも珍しくなかったから、それも、父がうちに帰ってこなかった理由だとおもう。

運動に走ったほどの人だ。ものごとの本質を見きわめ、他人に対して影響力のある、そして気性の激しい人だったと聞いている。霊感のある人で、未来のことを予感できた人でもあった。

死ぬ前、わたしを呼んでいった。これが遺言だった。

「とうさんは病気になってしまったので、おまえを学校にやってやれなかった。こんなに賢いおまえに勉強をさせてやれずに、すまんなあ……。しかし、いいかよく聞きなさい。学問というものは、おまえがほんとうにやりたいのなら、働いて学費を稼ぎながらでもできる。勉強したいのなら、学問して世の中のためになる人間になりなさい。おまえならきっとなれる。

でも、もし勉強が嫌いなら結婚しなさい。おまえは強すぎるほどの運をもった女だから、きっと男の助けとなるだろう。男を助けて働きなさい。再婚相手をさがしている男と結婚するのがいいかもしれない。」

背の高い人だった。そのせいかもしれない、短命だったけれども、父の存在は、わたしにとってとても大きなものだった。

母は待ち続ける女だった。

病気になってやっと戻ってきた父をだまって受け入れ、一生懸命に看病した。父は独立運動の無理が重なって、精神的にも肉体的にも衰弱していたのだと思う。もう回復する力はなかった。父は阿片を吸っていて、わたしに一度買いに行かせたことがあった。病院にかかる金もないので、母はいろいろな薬草を煎じて飲ませたりしていた。

それも効き目はなかった。

父が死んだ朝、米びつの中には米がもう一握りしかなかった。兄が母の実家に走っていって、金と米をもらってきた。ごはんを腹いっぱい食べてやっと人心地がつくと、葬式がはじまった。夕方になっていた。

父は白い服を着せられ、板に乗せられて七ヵ所を縄で縛られた。そして前方を一人、後方を二人から抱えられて共同墓地に運ばれていった。母が「ついてくるな」といってわたしを追い払ったが、夕暮れの道を少し遅れて、わたしはずっと大人たちのあとを追っていった。参列者は父のいとこ一人と母だけ。父にはきょうだいもいなかったし、母の親戚は、運動していた父のことを恥じて、だれもこなかった。泣き女もいないさびしい行列だった。

母は若くして後家になってしまった。この人は父のことを亡くなるまでずっと、いや亡くなってからもずっと、一途に慕っていた。まだ少女らしさが抜けきらない十五、六歳のときに、父に見染められて結婚したからかもしれない。客観的にみれば、父は母にとって決していい夫ではなく、無責任な男だった。

父は母の家にいって、結婚の許しを乞うて何日も動かなかったのだそうな。祖父は父の情熱にほだされたらしい。南平文氏《ナンピョンムンシ》という父方の家筋が、そのときはけっして裕福ではなかったけれど、両班《ヤンバン》(朝鮮の高麗や李朝において官僚をだすことができた最上級の身分階級)だったので、「あの家系の者ならいいだろう」と許したのだ。

わたしの父の先祖に、高麗時代(九一八〜一三九二年)だというからもう六百年も前、ムン・イクチョム(文益漸)という学者がいた。その人が綿の種を筆の筒に隠し持って中国から帰ってきた。それが朝鮮の綿栽培や綿織物のはじまりだったそうな。そして、「文」というわたしの氏は、その字のとおり、文章を書いた学者の家系だということを表しているのだそうだ。

母の家系も古くから名の通った両班で、わたしの従兄弟には判事や弁護士が何人もでている。その人たちは東京の明治大学や早稲田大学で勉強したのだと聞いている。

正月になると、正装した男たちが自動車に乗って母のところに新年のあいさつにきたものだ。母が威厳をもってそれを受けていたのを、わたしは晴れがましく思ったものだった。

わたしの一族はみんな、父方も母方も、大邱の出身だ。当時の大邱は朝鮮で、京城(現在のソウル)に次ぐ大きい都会だった。この地方一帯には、大昔の新羅時代(三五六〜九三五年)から立派な儒学者や政治家がたくさん出たのだそうな。いまも何百年も続く漢方薬の市が立ち、筆店が並び、絹織物やリンゴの一大産地で、市内には大きな市場も四ヵ所ある。

食いつなぐために

母は子供を四人、つまり姉、兄、わたし、そして弟を産んだ。しっかりした人ではあったが、育ちがよかったせいか、上品でおっとりとして、お世辞にも生活力のある人とはいえなかった。いつも不運を嘆いて泣いているような人だった。

それまでもやっと食いつないでいるというほど貧乏だったが、父が死んでからはますます貧乏になって、食べるものにもこと欠くようになった。母だけが働いて、兄と私と弟を食べさせなければならず、ほんとうに難儀していた。

十二歳年上の姉は、わたしが物心ついたときには、もう遠い親戚の家に嫁いでいっていた。その姉のことは話にしか聞いたことがなかった。当時は、女の子供の数が少なかったせいだと思うのだけれど、親たちが親戚や友人たちと語らって、それぞれの子供同士を許婚に決めると、女の子は小さな子供のうちからその男の子の家にもらわれていった。その家で育ててもらいながら、台所仕事や畑仕事などをおぼえるのがつねだった。そういうときに金のやりとりをするのも普通のことだったから、姉もわずかの金で父に売られたのかもしれない。

　父が亡くなる前に一度だけいった、姉の嫁ぎ先の所番地をわたしは憶えていた。それは咸鏡南道クムチョン郡ソボク面ハハム里ネ洞《（ママ）》で、いまは北韓（朝鮮民主主義人民共和国）になっている。

　母は、朝早くから夜遅くまで働きづめに働いていた。よその家を手伝いにいったり、針仕事をしたりして。うちの母は縫い物がとくにじょうずで、よそ見をしながらでも、まただれかと話をしながらでも、すごい速さでまっすぐに縫うことができた。そんなにして働いても母子四人が食べるには十分ではなく、いつも実家から援助してもらっていた。わたしが米や野菜をもらいにいったこともある。

　母は肩身の狭い思いをしていた。

　町で友達に出会ったときなど、その人と現在の自分の境遇があまりにも違うので、なつかしそうにあいさつはしていたものの、せつなかったに違いなかった。かわいそうだった。

未亡人になった母に、子供たちを学校にやってやるからと、再婚話を持ちかける金持ちの男もいたそうだが、母は見向きもしなかった。誇り高い人でもあったから。なにかの都合で母が仕事をさせてもらえないときには、一日も二日も食べるものがないことがあった。わたしは鍋を抱えて坊さんの托鉢のように近所をまわって、ごはんを少しずつもらった。子供だったせいか恥ずかしくなかった。

「食べるものがぜんぜんありません。余ったごはんがあったらください」といって……。そうして、キムチを少し入れた粥を作って家族で食べた。そうでもしなければ食べるものがなかったのだった。

何度も行く家のおばさんから「こんなに大きななりをして、働かないと乞食になるよ。子守や掃除をしたらごはんをあげるから、働きなさい」といわれ、働くようになった。わたしはなんとかして母を助けたいと思っていたから、喜んで働いたものだ。七、八歳のころだった。

そのころ住んでいた大明洞《テミョンドン》という町は下町で、貧乏な家もたくさんあったから、ごはんがたくさんもらえたときには近所の友達も呼んで、みんなで食べた。

いまでもそのあたりを歩くと、この家でごはんをもらったことがあった、と思い出すことが多い。その一角には、日本人が建てた家がたくさん残っている。

母が作った食べ物を売ったこともあった。焼き栗や大福、薬飯《ヤクパプ》（もち米にクルミなどの木の実と黒砂糖を入れて蒸した飯）を売り歩いた。夜中の繁華街を、酒場や博打場《ばくち》などを一軒一軒回ったものだ。

楽しい寺小屋だったが……

読み書きや算数を教えてくれる夜間の寺子屋に三年ほど通うことができた。金があったら行き、なくなったらやめて、という繰り返しだった。

わたしは教えられたことはだれよりも早く、よくおぼえた。教科書を大きな声で読むと先生にいつもほめられた。ほめられるから学校に行くのは楽しかったし、うれしかった。

とうとう学費が続かなくて、学校をあきらめなければならなくなった。行けなくなると、心がうつろになって体中の力が抜けた。事情は子供心にもじゅうぶんにわかっていたのだけれど、ほんとうに惨めだった。あきらめきれなくて、お金を払えなくなってからも、ときどき教室をのぞいて漢字を覚えたこともある。

それでもわたしはだんだん成長し、金もうけの方法をあれこれ考えるようになった。

「そうだ、キーセン（妓生）になって、歌や踊りをじょうずにすれば金持ちになれる。」

このひらめきは、わたしにとってはとびきりのアイデアだった。小さなうちからうたうことが大好きだったし、だれよりもじょうずだった。大邱のタルソン（達城）には検番《けんばん》があって、養成したキーセンをあちこちの料理屋に派遣していた。わたしはそこをときどきのぞきに行っていた。

そこではわたしくらいの少女から、もっと大きい十八、九歳の娘たちまでが修業していた。師匠のあとについて、大きな声でパンソリ（唱劇）をうなっていたり、そろりそろりとしとやかに歩をすすめておどったりしていた。

課目は舞踊、歌唱のパンソリとシンノリ、短歌のシジョウ（詩調）、楽器は琴がカヤグム（伽倻琴）とコムンゴ、太鼓がチャンゴ（杖鼓）、礼儀作法、そして日本語などだった。三年ほど修業してなにもかもできるようになると、ようやく卒業証書がもらえることになっていた。

そのころは、女が金を稼ごうと思ったら、家業を手伝うか、このキーセンになるか、それとも身を売る女郎になるくらいしか方法はなかった。子供のわたしが、キーセンになって稼ぎたいと考えたのも当然かもしれない。

何度か聞いただけで、わたしは一曲二時間もかかるパンソリをうたえるようになった。チャンゴも、先生がたたいているのを聞くと、わたしの手は自然に窓の桟を同じリズムでたたけるようになっている。そのうち、月謝は払わないまま、教室の中にまで入ってうたったり、おどったりするようになってしまっていた。

わたしは本気で、自分こそだれよりも芸達者なキーセンになれると信じたし、有名なキーセンになりたいと思うようになっていた。

心を決めて、母にそのことを打ち明けてみた。すると突然、それを聞いていた八歳上の兄が飛び上がって怒りだした。

「なんだとオクチュがキーセンになるだと。おまえはなにを血迷っているのか。おれたちは両班なんだぞ。両班の娘がキーセンになって男に媚を売るというか。このばかやろう。」

兄はわたしを殴った。わたしは頭を抱えてされるままになるしかなかった。母はオロオロしながら止めようとしたが、兄はきかず、自分が疲れるまで力いっぱい打ち続けた。

兄は、キーセンになれば、わたしがやがて身を売る女郎になってしまうのだと思っていたのだ。この兄には一生泣かされたけれど、ほんとうに、金もうけをしたいというわたしの心を理解しない兄だった。甲斐性なしの兄から打ちすえられたのを、わたしは忘れられない。

キーセンになって金もうけをしようという計画は、兄の反対であっけなくあきらめなければならなかった。

九州大牟田へ

わたしは十二歳になっていた。

そのころ、日本の九州大牟田で料理屋をしているという夫婦が訪ねてきた。その主人は六十歳くらい、妻は四十歳くらいだったと思う。

「商売が繁盛していて人手が足りない。子供たち二人が放りっぱなしなので、子守をしてもらえないだろうか。きてくれるのだったら学校にもやってやろう、ゆくゆくは自分の家から立派に嫁にもだしてやろう」といった。

またとない話だと思った。学校に行けるというただそのことだけでも、わたしにとっては飛びつきたいほどうれしいことだった。にわかに大牟田が親しく感じられた。「内地」とはどういうところか、きれいで金持ちばかりが住んでいると聞いているが、それはほんとうか、この目でみたかった。

母は、「行くな」とだけいった。

でも、わたしは食べるものも満足にはない家にいるのはごめんだった。わたしの心はもう日本に、大牟田に飛んでしまっていた。

釜山の役所にいって手続きをしなければならなかった。わたしは一人で行って手続きをした。親戚に書いてもらった書類を提出すると、役人は、わたしがあまりにも子供っぽくて小さいので、一人で日本にいくのを許可するわけにいかない、と許可証をくれない。それで一計を案じた。

その役人が交代するまでしばらく待つことにした。違う役人が窓口に座ると、わたしは爪先で立って背伸びをして身長を高くみせた。大人びた言葉遣いをして、自分がいかにも日本に行くのにふさわしいと思わせるように演じた。その役人は、なにもいわず日本行きの許可を出してくれた。

そうやって、料理屋の主人夫婦に連れられ、はじめて「内地」に行った。

実際にみた九州の大牟田は、きれいなところでも、金持ちばかりが住んでいるところでもなかった。

海と川のそばの繁華街にその料理屋はあった。着いて二日目か三日目、ちょうど二階にいたときに地震があった。驚いたわたしは「ワーッ」と大声を出しながら階段を転げ落ち、走って逃げ出した。朝鮮には地震はない。日本とはこんなに恐ろしいところか、というのが第一印象だった。

店はなるほど繁盛していた。わたしは突然、朝から晩まで騒然としている調理場に放りこまれた。学校に行かせてもらえるどころか、毎日、子守、掃除、洗濯。それから一日中、薪を燃やしている竈《かまど》の火の番、使い走りといった用事をいいつけられた。とにかくじっとしている暇はなく、なんとも忙しいところだった。

「大牟田市中島町釜山館」

忘れられない住所と屋号だ。中島町というのは男たちが遊ぶ街だった。釜山館は「乙種料理屋」といっていたが、売春宿だった。近くに検番があって、毎晩そこから日本人の芸者がたくさんきて、三味線を弾いたり、うたったり、踊ったり、それはにぎやかだった。朝鮮人と日本人の使用人がぜんぶで二十人くらいいたと思う。朝鮮料理を出していた。

仕事に邪魔だからと、腰まで伸ばして三つ組みに編んでいた髪を、おかっぱにしろと命じられ、泣き泣き切った。そのころは、朝鮮の娘ならだれでも三つ編みにしていた。日本にきたのだからもう朝鮮の髪型をやめなければならないのだな、と思った。

いつも用事に追われ、どこにいても「オクチュ、よびよるよ（呼んでいるよ）」と呼び返される。湿気の多い日本で、いつも水浸しの調理場を裸足で走り回るものだから手も足も水虫になって、朝鮮に帰ってからもずっと治らなくて、かゆくて仕方なかった。まだ日本語がよく話せなくて、薪を買うのに「まけをください」といって笑われたこともあった。

調理場で働いていると、日本の流行歌が聞こえてきた。わたしは聞きおぼえ、すぐに何曲もうたえるようになった。大人たちから意味も教えてもらったので、日本語をおぼえるのに役に立った。何度もうたうので、歌で習うとよくおぼえられたのかもしれない。すぐに座敷に呼ばれてはうたうようになった。朝鮮人の客には朝鮮の歌をうたってやった。みんな、「子供なのにうまいなあ」と感心して金をくれた。わたしは得意になってうたい、もらった金はせっせと貯めた。

大牟田は炭鉱の町だった。お客は炭坑で働く朝鮮人と日本人。同じような比率できていた。その人たちは、日ごろは炭のように真っ黒に汚れた作業着を着ていたけれど、客としてくるときには小綺麗な格好をしていた。背広にネクタイをしめてくる人もいた。みんな酒をたいそうのんで、うたって、おどったあとは、いつも殴りあいの喧嘩、というのがお定まりのコースだった。朝鮮のチャンゴやケンガリ（鐘）をたたいていた。朝鮮人と日本人、朝鮮語と日本語、朝鮮の歌と日本の歌が入り交じったにぎやかな夜が続いていた。

釜山館から川に向かっていくと、遊廓ばかりがずらりと並ぶ一角があった。そこは日本人が経営する遊廓だった。朝鮮人の遊廓は釜山館だけだった。

銭湯があった。午後二時か三時ころになると芸者たちがつぎつぎとやってきた。体を洗いおわると、こんどは鏡の前にずらりと並んで化粧をはじめる。顔や首や肩を刷毛で真っ白に塗ったものだった。わたしはそれをのぞいてみるのが好きだった。芸者は日本人ばかりで、朝鮮人の芸者はいなかった。

朝鮮人といえば、リヤカーを引いて古物を売買して歩く人や、朝鮮飴（もち米で作った飴）を売り歩く人がきた。わたしは子供心にも、古物商は人が捨てる物を集めて金もうけができるいい商売だなあ、と思っていた。

また、店の近くには八百屋、履物屋、映画館、食堂などが並んでいた。松屋というデパートもあって、ハイカラな衣料品が売られていた。子守をしていた二人の子供、イチロウとジロウを玩具売り場に連れていったことがある。エレベーターガールが「次は三階、洋服文房具売場でございまーす」と、しなをつくっていうのが面白くて、わたしはものまねをしては釜山館の人たちを笑わせたものだ。

逃げるしかない

大牟田には五、六ヵ月もいただろうか。大牟田で十三歳の誕生日がきたのを憶えているが、それほど長くはいなかった。というのは、「学校に行かしてやる、お嫁にもだしてやる」という主人の言葉は真っ赤なうそで、何年か釜山館の下働きをして体が大きくなったら、わたしも身を売らなければならなくなるということがわかったからだった。

ここで身売りをしている娘たちはみんな、朝鮮のあちこちからだまされてきていたのだった。いうことをきかなければいなかのアマクサ（天草）という島に売り飛ばされる、と女たちがいう。どうしよう、とんでもないところにきてしまった。後悔した。母が「行くな」といったのは、こういうことがわかっていたからかもしれない。

なんとか穏便に帰る方法はないかと考えたが、人手は足りないし、わたしはもうその店には必要な働き手になっていた。とても帰れそうにない。逃げるしか手はなかった。

店の若い客で、当時わたしが憧れていた日本人の勤め人がいた。その青年や近所の朝鮮人の大人たちに道順を教わり、それをしっかりと憶えた。旅費は歌をうたって貯めたのがあった。

夕方、釜山館の忙しいときをねらって大牟田駅に走った。駅は近い。下関行きの最終列車に乗れば、最終の関釜連絡船にちょうど間に合うことになっていた。これなら追いかけられることもない。

下関行きの汽車に飛び乗った。

下関駅に着くと、駅は大きかった。公衆便所があったので、見つからないようにそこに隠れた。内側から鍵をかけて何時間もじっとしていた。

すると朝鮮語が聞こえてきた。おそるおそるでてみると、中年の男たちが数人いた。釜山行きの連絡船の乗り場や切符の買い方を教えてもらった。連絡船は大きな船で岸壁には接岸できないので、小舟に乗って行かなければならないと教えられた。

そのうちの一人にたのんで、後を隠れるようについていった。その男の子供のような振りをした。わたし一人では怪しまれると思ったからだ。うまく関釜連絡船に乗り込むことができた。ずっと追いかけられるのではないか、と胸がドキドキしていたので、連絡船が出港すると安心して、涙が止まらなかった。

しかし連絡船の中も要注意だ。検札があるし、憲兵だって乗っているのだから。見渡すと、運よく赤ん坊を連れた若夫婦とその両親らしい一家がいた。わたしは、この一家が救けてくれるだろうと見定めた。事情を話して、わたしはその赤ん坊の子守ということにしてもらった。子供のそばにずっと一緒にいて追っ手を逃れた。なんどかわたしを捜しているらしい警察官が見回りにきたけれど、その一家はわたしを救ってくれた。乗船名簿にわたしも同じ住所だと書いてくれたのだった。釜山の一家だった。

玄界灘は荒れることが多いけれど、その夜、海が荒れたのか凪《な》いでいたのか憶えていない。

釜山から大邱へは汽車に乗った。そうやってついに大邱に着いた。

飛ぶようにして母の懐に帰った。母はよく帰ってきたと泣いた。わたしはさっそく、二度と大牟田に呼び戻されないようにと思って、母の名で、わたしが無事戻ったから安心してください、と電報を打った。「大牟田市中島町釜山館」宛に。

それでも大牟田からは、こんどこそかならず学校にいかせるからオクチュをよこしてほしい、と連絡してきた。でも、うそだということはもうわかりきったことだから、断じていかなかった。

警察官の親戚がいた。その親戚に釜山館が娘たちをだまして連れていっていることや、わたし自身も身を売らされるかもしれなかったことなどを話して、二度とわたしを連れ戻さないよう釜山館の主人に警告してもらった。これでやっと安心した。

それにしても、あそこから逃げ帰ったのはわたし一人で、ほかの娘たちはみんな身売りをさせられてしまったのだし、あそこからどこかほかの遊廓に売られてしまった娘もいると聞いている。アマクサは恐ろしいところだ、と釜山館の女たちはいつも話していた。

年端もいかない少女にとっても、やはり大邱は故郷だった。喜んでくれる母の顔をみて、わたしも心からうれしかった。

大邱での貧乏な生活がまた始まった。

でも十二歳で海を越えて大牟田まで出稼ぎをしてきたのだから、わたしには金を稼ぐ力が身についてきていた。安定した働き口があったわけではなかったが、自分の働ける場所をさがしては、いろいろなところで働かせてもらった。養成学校を出てはいなかったけれど、検番に頼み込んで、キーセンとしてお座敷にでてうたわせてもらったりするようにもなっていた。わたしはパンソリの台詞や歌詞を忘れてなかった。

いくらかでも金が入ったら、すぐに浪費してしまうのでなく、それを元手に材料を仕入れ、饅頭を作って売ったりして、商売をするようにした。あたまを使って賢く生きていかなければならなかった。朝から晩まで働いた。不景気だったので食べるのがやっとだったが、家族四人がなんとか生きていけるようになっていた。母はもちろん、兄も弟もわたしを頼りにするようになった。それを励みにして、よけいに働いたものだった。

わたしはそのとき十六歳になっていた。

2 「満州」、東安省へ

憲兵に呼び止められて

季節は秋だった。

その日、わたしは友人のアライハルコの家に遊びに行ったのだった。ハルコの家族は朝鮮人だったが、みんな日本の名で呼び合っていた。ハルコの父親は火葬場を経営していた。朝鮮は土葬の習慣だったが、そのころは日本式の埋葬の仕方が増えてきて、朝鮮人のなかにも火葬をする人が少しずつ出てきていた。日本人の葬式には供え物がたくさんあるので、食べ物をもらえることがあった。わたしはそれを楽しみにして、よくハルコの家に遊びに行ってはおしゃべりしていた。

夕方、歩いて二十分ほどの家に帰る途中、「ちょっとこい」と呼び止められた。日本人の憲兵と、朝鮮人の憲兵と、朝鮮人の刑事だった。

わたしは恐くて声も出ない。後をついていった。なんの用かと聞くことなど、とてもできなかった。そのころ、朝鮮人であるわたしたちにとって、憲兵といったら、この世でいちばん恐ろしい存在だった。わたしの父も、生きていたときは四六時中憲兵に追われていたのだから……。生きた心地もしなかった。

連れて行かれたのは憲兵の詰め所だった。そこには少女が一人いた。その娘の名前をどうしても思い出せない。事務室にある椅子に座らされ、住所は、名前は、家族は、などと聞かれた。聞かれたことに答えると、刑事たちはあちこちに電話していた。そのまま椅子に座ってうたた寝しながら夜を明かした。

翌朝、わたしと少女は大邱駅から汽車に乗せられた。別の日本人憲兵と朝鮮人刑事に引き渡された。どこに連れて行かれるのかわからなかったが、釜山の方向ではなく、北に向かっていることはわかった。途中、食事をするときも、洗面所に行くときも、二人はわたしたちについてきて監視していた。

「アカツキ」という名の汽車だった。一般の客もたくさん乗っていた。網棚には荷物がぎっしりと積んであった。寝台車も連結されていたが、わたしたちは座席にずっと座っていた。

列車が中国との国境の新義州《シニジュ》に着くと、列車を乗り換え、監視の二人が交代した。また中国側の国境の安東《アンドン》に着くと中国人の警察も乗り込んできた。そして、三人一組になってわたしたちを連れて行った。国境を越えるとき、パスポートもなかったのに、その憲兵たちがなにかいえばとがめられることはなかった。

まる三日ほどかかって着いたところは北部満州のトアンショウ（東安省）といった。

そこはロシアとの国境だった。大邱のような大きな都会ではなく、駅のまわりに町があったものの、あたり一面の平原のところどころに、わずかな建物が道路に沿って何軒ずつか連なっているという具合だった。

慰安婦にさせられた、オクチュ16歳

連れていかれた家は大きな民家で、部屋がたくさんあった。「グンポール」という名がついていた。二十人ほどの朝鮮人の若い女たちがいた。そのうちの三人ほどは赤色や桃色の派手な日本の着物を着ていた。わたしはすぐに大牟田の釜山館と芸者や女郎のねえさんたちを思い出して、ここは男の相手をする家だということがわかった。主人は朝鮮人の六十歳くらいの男だった。

わたしたち二人も男の相手をしなければならなくなった。

毎日泣いた。

泣いても泣いても男はきた。

毎日二十人から三十人ほどの日本人の兵隊がきた。客は日本の兵隊や憲兵たちだけだった。

女たちはみんな大邱から引っ張られてきていた。名前はヒフミ、カナリヤ、キミコ、ハツコ、ヒトミ、キファ、アキミ、ヒロコなどといった。日本の名前をつけろと主人にいわれ、わたしは、そのころ流行った映画『不如帰（ほととぎす）』の主人公の武雄と波子にちなんで、ナミコに決めた。親方も、炊事をしている女中も、みんな大邱からきていた。わたしは十六歳だったが、十四歳、十五歳の少女もいた。

すぐに寒い冬がきた。

軍人たちは厚い毛皮の帽子をかぶり外套を着ていた。外には雪がとてもたくさん積もった。オンドル（温突＝床下にめぐらしたパイプに熱風を通して部屋を暖める装置）があり、窓が二重になっているけれど、二重ガラスの内側や、天井にさえ氷が張るほどだった。床の壁際には細い溝が掘ってあって、そこを壁の水滴が伝い落ちて流れるようになっていた。大邱も寒いところだが、比べものにならない。布団の中にいればやっと暖かになるという具合だった。たまに外出すると、マスクの中でわたしの吐いた息が凍ってしまうほどだった。

軍人たちは切符をもってきた。切符の値段がいくらだったのかはわからない。赤い線が二本、ななめにはいっている切符で、四角い判子が押してあった。それを貯めておくと、一週間に一度、軍人が記録しにきた。朝鮮に帰ったら金を払うからといわれていたので、わたしは一生懸命切符を貯めた。なかには、わたしを喜ばせようと、二枚、三枚と切符をはずんでくれる兵隊もいたので、貯まるのが楽しみだった。しかし結局、わたしはトアンショウでただ働きさせられたことになる。ときどき必要なものを買うために金をもらった以外は、もらい損ねているのだ。

軍医が一週間に一度きて性病検査をした。病気にならないために受けなさい、と説明されたので、恥ずかしい検査だったけれどすすんで受けた。検査のための器具を膣の中にいれ、それをだして分泌物を検査する。十人中五、六人は具合が悪く、三日から一週間ほどは休まなければならなかった。病気だという印は医者からもらう木札で、それには赤い字で「立入禁止」と書かれていた。そのころはなんでも命令だったので、休むことを命令されたのに客をとった友達はひどく叱られていた。金をもうけたいし、馴染みの客ができていたので、病気だといわれても、つい客をとってしまう友達がいたのだった。

幸いなことに、わたしは休みたくても「立入禁止」になったことは一度もなかった。月経のときさえ休むことはできなかった。吸水力のよい脱脂綿を膣に詰めて客をとった。終わったあとは大急ぎで洗浄して、また綿を詰めた。消毒液を使って、わたしはきれいに洗浄した。

トアンショウにいるときには、日本が戦争をしているのだとは少しも思わなかった。

ロシアとの国境におかれた軍隊にきている軍人がわたしたちのところにきているのだろう、と思っていた。ただ、大邱とはまったく違う緊張感があった。国境だったのだから緊張しているのが当たり前かもしれない。満州のあちこちの山中には、独立運動をしている中国人や朝鮮人がたくさんいた。

ゲリラ戦が行われていたのだ。

軍人たちが、こそこそと話してくれた。部隊が襲撃されたり、警察署に爆弾がしかけられたり、日本の憲兵や警察官が襲われて殺されたりしたことを。夜、わたしたちの慰安所が襲撃されることもあった。朝起きてみると、慰安所で食用に飼っていた鶏や、買い置きしてある食料品が盗まれたりしていた。銃弾がピューン、ピューンと飛んでくることもあった。そういうときは、わたしたちはありったけの布団を四方の壁にぶら下げて弾よけにした。ひとところにかたまって攻撃が終わるのをじっと待った。ほかの慰安婦たちは怖がって泣いたりわめいたりしていたが、わたしは少しもおそろしくなかった。

ゲリラやスパイがつかまることもあった。見せしめのために、日本軍がゲリラの耳や鼻を削《そ》いで山の木に縛りつけたりしていたのをみたこともある。日本軍はゲリラをおそれていた。軍隊の敷地には、松の板をつなぎ合わせた塀がそびえ立って取り囲んでいた。

そのときのわたしは、独立運動についてよくわかっていなかった。慰安所が攻撃を受けたときは安全のために身を隠し、日本軍や日本の警察が攻撃を受けたので用心しろ、といわれれば、「ああそうか、気をつけよう」と思ったほどのことだった。それでも戦争の雰囲気だけはよく感じていた。

生きる知恵

そういえば、こんなこともあった。

憲兵たちの宴会に呼ばれて町の居酒屋に行ったところ、隣の席に情報を取りにきたらしい独立運動の朝鮮人がいて、酒をのんでいた。その男の雰囲気と特有の服装から、わたしにはその男がゲリラだとすぐにピンときた。憲兵はなにもわからないらしく、のんきにその男と話をしながら酒をのんでいる。わたしは、憲兵さんは男だから服のことがわからないのだな、と思って知らん顔をしていたのだった。

そうこうしているうちに、わたしは慰安婦の生活に慣れてきた。軍人たちは、こちらがやさしく接すれば、やさしくしてくれることがわかった。日本の歌をうたえば喜ぶ軍人が多いことも知った。リ・コウラン（李香蘭）がうたって流行っていた『支那の夜』を台詞つきでおぼえ、抑揚をつけてうたってやった。この歌はよほど流行っていたらしく、兵隊たちがだれでもうたっていた。わたしは今でも全部うたうことができる。

赤いランタン　波間にゆれて
港上海　白い霧
出船入り船　夕空の
星の数ほど　あればとて
いとしい君を　乗せた船
いつの日港に　着くのやら
クーニャンかなしや　支那の夜

支那の夜　支那の夜よ
港の灯り　紫の夜
のぼるジャンクの　支那むすめ
ああ　忘れられぬ　胡弓の音《ね》
支那の夜　夢の夜　（ママ）

わたしたち慰安婦に、小遣いやいろいろな物を持ってきてくれる兵隊がいた。わたしは、やさしく接してくれたり便宜をはかってくれる人には、帰るときにゲートルを巻いてやったり、流行歌をたくさんうたってやったりして特別にサービスした。

わたしは慰安所で十七歳になった。煙草を吸い、酒をのむようになった。そうでもしなければ男の相手など、できなかった。

春がきて、夏がきて、また秋がくるころだったろう。いても立ってもいられないほど母が恋しく、大邱に帰りたくなった。中秋《チュソク》（旧盆）はわたしたち韓国人にとって特別な行事で、先祖やふるさとを懐かしく思わせる。丸い月がでて「ああ、中秋がきた」と思ったら、とたんに里心がついて、もうたまらない。

ぬけだしたい

それに、そのときわたしは、これ以上慰安婦を続けてはいけない、とも考えていた。心がおそろしいように荒《すさ》んでいくのが自分でわかっていた。

なんとか方法はないかと考えた。

わたしを特別に可愛がってくれている憲兵に頼んでみた。その憲兵が許可をだす権限をもっている、ということは知っていた。だから、わたしはずっと「憲兵さん、憲兵さん」といって、気に入ってもらえるように振る舞ってもいたのだ。

「母が病気だから大邱に戻って看病したいのです。かならず戻ってくるから、汽車の切符を買うための証明書を書いてください。」

憲兵は証明書を出してくれた。主人にも「かならず帰ってくるから、おねがいです」となんどもいって慰安所を出してもらった。

一緒に釜山行きの汽車に乗ったのは、肺病になって働けなくなった二人と、仮病を使ったもう一人と、わたしの四人。友達の名前は憶えていない。寝台車に乗った。往きのときと違って、こんどは見張りはいなかった。

汽車の中ではいつ逃亡がばれるかもしれないので、憲兵が見回りにくるたびにびくびくしていた。列車の中を憲兵が交代でしょっちゅううろうろしていた。検札もたびたびある。そのたびに「どこに行くの」と聞かれた。証明書を持ってはいても逃亡は逃亡だ。途中、仮病の一人はばれてしまい、トアンショウへ連れ戻されてしまった。

もしかしたら、わたしたちが兵士からもらった天皇陛下の菊マークのついた煙草をふかし、まわりの乗客たちが「それはどこでもらったか、一本くれないか」と欲しがったので、調子にのって配ったりして目立ったからかもしれない。わたしたち四人は、たしかに普通の娘たちとは様子が違っていたと思う。煙草は吸うし、大声で笑ってはしゃいでいた。だいいち、当時は、娘たちが四人で旅行することなど考えられない時代だった。どうやって手に入れたのか思い出せないが、そのときわたしはコロムビアの蓄音機を持っていた。わたしたちが慰安婦だということは、憲兵にも汽車の客たちにもすぐにわかっていたに違いない。

ついにわたしの番がきた。

二十七、八歳の若い日本人の憲兵が「証明書は持っているか、だれが帰ってもいいといったのか」と、いろいろ問いただしてきた。わたしは正直に答えた。すると、どこの駅だったか思い出せないが、ある駅でおろされ、詰め所に連れていかれた。安東だったかもしれない。朝鮮人と中国人の刑事もいたような気がする。もうだめだ、どうやって切り抜けようかと考えを巡らせながら、ふとその憲兵の目を見ると、目が澄んでいる。一生懸命に頼んでみようと思った。

「たすけてください。お母さんが病気だから、満州から逃げて帰るのです。わたしは憲兵さんからトアンショウに連れていかれ、兵隊さんに身を売らされていました。」

わたしは泣きながらいった。

憲兵は電話をかけてはいたが、なにを思ったのか、わたしを満州には返さなかった。そして、自分の家に連れていった。そして、「ここに泊まれ」という。一週間ほどわたしはその憲兵の思うようにされてしまった。通報しなかったお礼にと思って、わたしはそれを受け入れてやった。逃げることはできないのだから仕方がない。

食事を作り、やさしく相手してやった。

とかく一人で暮らす男というのは寂しがるものだ。そんなものだと思っている。

もっといてくれというその憲兵を、母が病気だからとにかく大邱に帰らなければならない、かならず戻ってくるからといってやっと逃れることができた。

姉に逢いに行く

列車が国境を越えた。もう朝鮮だから安心だ。

するとふと、逢ったことのない姉が住んでいる咸鏡南道クムチョンにいってみようと思った。父が死ぬ前に教えてくれた住所を憶えていた。わたしは姉の家に行くことにした。列車を降り、タクシーに乗った。

姉の嫁ぎ先は山奥にあった。牛や豚や鶏を飼っている普通の農家で、あたりの田んぼには黄金色の稲穂が垂れ、山には栗が茶色の実をつけていた。

姉がいた。顔を合わせた瞬間、わたしたちは互いに、自分たちがまちがいなく姉妹だということを確認した。顔がそっくり同じで、背の高さだけは姉のほうが少しだけ低かった。わたしたちは抱き合って、大声をだして泣いた。初めて会ったのに、なぜかなつかしくてたまらず、こみあげてきたのだ。

「アイゴー、おまえがオクチュか、わたしの妹か」と姉はいった。十二歳ちがいの姉には、そのとき七歳の男の子と四歳の女の子がいた。姉は、父が死んだ報せを受けたときには、両親を亡くしたときに行う儀式どおり長い髪をときおろし、祭礼用の器に水を入れて北に向かって泣いた、と悲しい思い出を話してくれた。

滞在した二、三日のあいだ、近所の人たちが栗を入れた餅など山の珍しい食べ物を作ってつぎつぎと現れ、「よくきた、よくきた」と大歓迎してくれた。わたしが姉に似ていると、みんながいった。わたしたちは毎晩、あれこれ話に花を咲かせた。姉がもらわれてきたばかりのころの苦労話をしていると、義兄が「もうすんだことなのだから、そんなことをいうなよ」と横から口を出した。この兄がいい人でよかったと思った。

これが、一生のうちで一度だけ会えた姉との思い出だ。姉は、生きていればもう八十歳を過ぎているはずだが、もう生きてはいまい。以北《イボク》（朝鮮民主主義人民共和国）でどんな生涯を送ったろう。幸せに生涯を送ってくれたものと思いたい。

姉と別れを惜しんだあと、こんどこそ大邱に向かった。

一年ぶりに戻ってきたわたしをみて、母はそれは喜んでくれた。娘の突然の失踪を悲しんで、ほんとうに病気になるほどだったのだ。兄からも弟からも、どこでなにをしていたのか問いただされたが、わたしはけっして本当のことはいわなかった。満州にいって働いてきたとだけ告げた。

家はなにも変わっていない。

母はあいかわらず針仕事をして日銭を稼いでいた。兄はリヤカーを引いて大邱駅前でリンゴ売りをしていた。不景気で、稼ぎのいい働き口があるわけではなかったから、この仕事をするしかなかったのだ。中学校（旧制）を卒業した兄にとって、リンゴ売りというのは屈辱的な仕事だったらしく、面白くなさそうだった。稼いだ金は活動（映画）をみたりして全部自分で使い、弟が学校に行っているのに学費を援助もしないで、知らん顔をしていた。兄がもう少ししっかりしていたら、となんど思ったか知れない。わたしと二人で働けば十分に母と弟を養っていけたのに、この人は無責任に遊んでばかりいるのだった。

母に心配をかけてしまったことをわたしは悔いた。母は、娘のわたしが思う以上にわたしの身の上を案じていたのだった。申し訳なさで一杯になったわたしは、働いて、稼いで、親孝行しなければと考えた。

満州から持って帰った金はすぐに少なくなってきた。またひもじい生活がはじまる。働かなければならない。

自宅でスリッパを作る内職仕事をすることにした。大きな病院の、医者や患者が履くスリッパで、「コールスリッパ」といった。担げるだけの材料を肩に担いで持って帰ると、休むまもなく組み立てるのだ。ひもを三つ編みにして、それを足の甲の部分にし、靴底部分に止め金で止める。別になっている靴底を糊でぴったりと貼りつける。といった作業を、とにかくできあがるまで休みなく続ける。そしてまた担いで工場に届けた。

でも賃料は安く、ものによって一ダースで四円、六円、八円といった程度だった。ほかに米も配給してくれたように思うが、食べるだけで精一杯だった。内職は三、四ヵ月でやめてしまった。

キーセン修業——18歳

やはりキーセンになるしかない。十二歳のときには兄が、「両班の家の娘が女郎になりたいというか」といってわたしを殴って反対した。でも、わたしはもう女郎になってしまっていた。酒をのんで、歌をうたって、男の性の相手をすれば金になることを知っていた。どうせ普通の結婚はできない。

どのように考えても、キーセンになることなしにわたしの未来はなかった。

タルソン検番に改めて入学した。きちんと授業料を払い、正式のキーセン志望者となった。兄の反対などに負けてはいられない。一人で遠い満州で生きぬいてきたわたしをみて、兄ももう止めても無駄だと思ったらしい。こんどは殴ることもなかった。

キーセン修業は厳しいものといわれているが、わたしにとっては楽なもの、御茶の子さいさいだった。芸事はなにもかも得意だったから、習うはしから身についた。とくにパンソリは、うたうことも、鼓手として太鼓をたたくことも師匠たちを驚かせるほどうまくできた。

すぐに、「シンチョンジョン（沈清伝）」など有名な物語を、一曲に二時間もかけてうたうことができるようになった。節も台詞もおぼえ甲斐があった。台詞は意味が深くて、言葉が洗練されているので、それをおぼえると自分が歴史を勉強したような気分になったし、声を張り上げ、こぶしを回してうたうと、気持ちが大きくなって清々とした。

太鼓では、複雑なリズムをたたくことができた。検番で、わたし以外はだれもたたけないリズムもあった。トトットトットトン、トトットトットトン、タタタンッ、タタン、タタタンッ、トタン……と。

大邱の検番には、全国的にも有名なパンソリの大家がこられて熱心に教えてくださった。パク・トンジン先生、ペ・ドームィ先生、チュクチャン・チク先生、ヒュー先生などだ。

こうして、ふつうなら卒業までに三年はかかるキーセン修業を、わたしは一年足らずで修了することができた。優等生というところだったろう。

そして、キーセンの修業をしながら、ときどき大邱のお座敷にでるようになっていた。はじめはチマ・チョゴリがなかったので、簡単服のままでたら、「そんな服ででるキーセンがあるか」と笑われたが、少し金ができると布地を買って母にチマ・チョゴリを縫ってもらった。

わたしの芸は評判をとった。それに、そのころのわたしは、どういうわけか男の人にとってある種の魅力があったらしい。わたしよりきれいな人はいくらもいたのに、指名されることが多かった。お座敷にきた写真家から写真のモデルになってくれないかと頼まれ、ヌードモデルになったこともあった。

わたしは十八歳。若かった。

3　南の国へ

金もうけがしたい

「日本軍の食堂に働きに行こうよ、金もうけができるよ」とわたしを誘いにきたのは、ヒトミとキファの姉妹だった。トアンショウのグンポールで働いたときの友達で、そのときは近所に住んでいた。

それはいい話だ、やってみてもいいなと思った。軍属として軍隊の食堂で働けば金が稼げるし、食べることには困らない。失業することもない。どうせわたしはお嫁にもいけないのだから、金もうけしたほうがいいと思った。

そのころは、朝鮮人もみんな先を争って軍属になりたがっていた。南の国の軍隊に行くのだろう。軍隊の食堂で給仕か皿洗いをすれば、決まった収入があって、母に少しは仕送りできるかもしれない。キーセンよりは絶対に堅実な仕事だ。

二日後、母にはいわず、ヒトミとキファと三人で列車で釜山に向かった。いえば反対されるに決まっている。荷物は着替えを二、三枚とタオルを入れた小さな手提げ袋だけだった。金も少ししか持っていなかった。

指定された甲乙旅館という名の旅館に行って、わたしはびっくり仰天した。アキミが、ヒフミがいる。トアンショウで一緒だった友達がそこにきている。わたしたちは奇遇を喜んで、「まあ、どうしたの、あなたも南の国にいくの、一緒でよかったね」といい合った。きょうはここで一晩泊まるのだ、といわれた。そこには、マツモトという朝鮮人の男と、六十歳をすぎた朝鮮人の男と、その甥がいた。この男たちがわたしたちの引率をしたのだった。マツモトは顔見知りの男だった。

翌日の一九四二年七月十日、釜山港はいつものように大小の船がすきまなく停泊してにぎやかだった。汽笛の音、貨物をいっぱいに積んだトラックの出入りのエンジン音、荷役作業の掛け声、ポンポンポンポンポンという船のエンジンの音などがいっせいに鳴り響いている。

マツモトに引率されて軍専用の岸壁にいった。そこには百五十人から二百人ほどの娘たちが集まっていた。それぞれ、十五人から二十人くらいに一人か二人、マツモトのような中年男がついていた。娘たちの集合したあたりには、ひときわ華やいだ若い声があがっていた。

軍人が大声で指揮をしてわたしたちを船内に誘導した。船は六〇〇〇トンほどの古い貨物船だった。わたしたちは梯子《はしご》を下りて、普通なら貨物を積むことになっている船倉に入れられた。三段のベッドが蚕棚のように並び、毛布が一枚ずつ置かれていた。ほかに、商売人のような朝鮮人の男女が数十人、日本の娘が五、六人、そして軍人が六人乗っていた。荷物も少しばかり積んでいた。

釜山港から台湾へ

いよいよ汽笛が鳴って出港だ。甲板にでて釜山港の景色を見た。船が岸を離れるにしたがって、はじめはすぐそこにあった釜山港の景色が遠ざかる。山頂まで家並みが続く釜山市の全景が姿を現したと思ったら、やがて少しずつ遠ざかっていった。

この釜山港から大牟田に向かっていったこともあったと思った瞬間、突然に悲しみとも後悔ともつかないものがこみあげてきた。母にさよならもいわずに出てきたことは間違いだったのではないかと思い、涙がはらはらと落ちた。天地が張り裂けるような、身を振り絞られるように激しい悲しみだった。ほかの娘たちもみんな泣いていた。

船は七隻で船団を組んでいた。前を行く六隻には軍人たちが乗り組み、最後尾にわたしたちが乗った貨物船が続いた。玄界灘に乗り出すと、船は大きく揺れはじめる。

わたしたちは船倉にぎっしりと詰め込まれていた。はじめは船の揺れが怖くて、キャー、キャーという声があがっていたが、すぐに大部分の人たちが船酔いをおこした。動くこともできず、何十人もの娘が、ずらりと並んだベッドに起き上がって胃の中の物を吐くのだ。すぐに船室に酸っぱいにおいが充満した。それがまたつぎの酔いを引きおこす。みんな青白い顔をして苦しんでいた。

わたしは元気だったので、みんなの面倒をみる係を仰せつけられた。足の踏み場もないほどに、そこここで吐いたものを拭き取って海に捨てたり、床を拭いて掃除したり、病人に付き添って便所に連れていってやったり、といった具合だった。においがやりきれなかった。タオルを鼻や口に巻いたり、息を止めたりして仕事した。に甲板にでて外気にあたると、ほっとしたものだ。食事どきになれば、両手でやっと抱えられるほどの木の箱に入ったにぎり飯を運んで一人ひとりに配ったし、後片付けもした。

しまいには、あまりにもたくさんの人の世話をして疲れはてたので、少しは休ませてくださいよとばかりに、「わたしも具合が悪くなって吐きそうだよ」と仮病を使って休んだことがある。でも、食事の時間がくると飛び起きて食事を運ぶのを手伝ったうえ、人一倍の食欲があったから、すぐに「おまえは嘘をついているな」と軍人に笑われてしまった。

前後に並んで航行する船同士は、互いに手旗を振って交信していた。船団と、どこか陸地にあるらしい司令部は無線で交信していた。途中なんどかアメリカ軍の爆撃機が飛んできて銃撃されたり、潜水艦から追われたりしたこともあったが、そういうときには、トントトッ、トントトッ、トンツー、トンツーと無線で連絡をとって護衛を頼んでいるようだった。すると、日本の飛行機が飛んできて、上空からしばらくわたしたちの船団を護衛してくれたものだ。とても頼もしくて、わたしたちはそれをみて、ヤンヤの大喝采を送った。

救命訓練があった。

「よく聞きなさい。もしも船が沈むようなことがあったら、できるだけはやく船から離れるように泳ぐこと。そうしなければ船が沈む渦に巻き込まれてしまって危険だ。海に落ちたらこの布を足に結わえつけるように。そうすれば鮫に襲われないから。浮き袋はかならず身につけること。また夜中なら、懐中電灯で位置を知らせなさい。」

小さな救命袋が配られた。中には、ボタンを押すと灯りがつく懐中電灯と浮き袋、それに白、黒、赤色の長さ二、三メートルもある布が入っていた。

ある日、落ちた、落ちた、という声が聞こえるので甲板に出てみた。日本人の少女が海に落ちたのだ。いつもなにかぶつぶつとわけのわからない独り言をいっている変わり者の少女だった。「助けてくれー、助けてくれー」といっているのに、船は、浮いたり沈んだりしている少女のまわりを二、三周まわったあと、ボーッ、ボーッ、ボーッと汽笛を三度鳴らし、そのまま少女を見放して、航海を続けていった。はじめは浮いたり沈んだりしていた顔がやがて沈んで、浮かび上がってこなくなってしまった。日本人の娘だったのにどうして助けなかったのだろうかと印象がつよく、いまだに忘れられない。

南に向かっているので、船内は日を追って暑くなっていく。じっとしていても汗が流れた。ひといきれも苦しい。船酔いをする人も少なくなって退屈しはじめたころ、船が港に入った。

台湾だといわれた。

船に貨物を積み込むために、十数艘の一人乗りの小舟が群らがるように近づいてきた。なんと船をじょうずに操っていることだろう。軍人がロープを下ろすと、つぎつぎと荷物が結わえられ、引き上げられて積み込まれる。

「カウ、カウ、カウ、カウ」と大声で叫ぶのは、バナナやパインアップルをいっぱいに積んだ小舟だ。船の周りをぐるぐる回っている。バナナを「買え、買え」といっているのだということがわかった。だれかが、「バナナを買おうよ、台湾バナナは世界で一番おいしいのよ」といった。そこで、ツバメやヒトミたちとお金を出しあって、スカートを一枚裂いて作ったひもの先に結んで、その小舟めがけて下ろした。

小舟の台湾人はじょうずにバナナを一房結びつけてくれた。用心深くそれを引っ張り上げた。わたしたちは大喜びして、一房をみんなで分けて食べた。はじめて食べたバナナだった。とろりと口の中にやわらかな蜜のような甘味が広がった。なるほど、台湾バナナは世界一おいしいと思った。みんな、おいしい、おいしい、と口々に繰り返した。それにしても、持っていた朝鮮の金が通用したことや、朝鮮の金の価値がバナナ売りの男にちゃんとわかっているのに驚いたことだった。

また船は航行をはじめた。そしてサイゴン港に着いた。ここには上陸しなかったと思う。

シンガポール経由ラングーンへ

次にシンガポールに着いた。ここでは三、四時間だけ上陸することができた。港の周りだけだったけれど、歩いて見学できた。わたしはトアンショウで一緒だった友達とグループをつくって歩いた。いつでも、どこにいくのも一緒だった。ヒトミはわたしより三歳年上で二一歳、キファはわたしと同い年の十八歳、アキミは二歳上、ヒフミは二歳下だった。

港の景色はどこもよく似ている。岸壁と、たくさんの大小の船と、そして倉庫とビルディングだ。にぎやかな町並みと、威勢のいい大勢の物売りをみた。名を知らないたくさんの果物が珍しかった。シンガポールにはわたしたちと顔色の違う人たちがいた。インド人だということはあとでわかったことだった。

船はさらに航行を続けた。

船旅になれたわたしたちは、楽しくやろうと、演芸会をすることにした。うたったりおどったりなら、わたしの得意とするところ。狭い船倉にたちまち小さな舞台ができあがる。わたしが声をかけると、みんなが出身地対抗で自慢の歌を披露する。そうして、流行歌をうたったあとは、かならず朝鮮各地の「アリラン」でお開きにしたものだった。わたしたちは陽気にうたいおどり、演芸会では完全に日本人に勝っていた。

そのころはちょうど雨季だったようで、船には毎日ザーっと土砂降りのスコールがきた。わたしたちは雨が降ると許可をもらって甲板にでて、簡単服を着たまま行水をし、石けんをすり込んで体と着物を同時に洗った。気持ちがよかった。

七隻の船団はシンガポールを出港すると、こんどはあまり日をおかず、また大きな港に到着した。

ここが最終的な目的地だった。

ビルマという国のラングーンだといわれた。はじめて聞く国のはじめて聞く地名だったので、べつになんの感慨も湧くことはなかった。大きな港だった。出発から二ヵ月くらいかかったように思う。わたしにとっては、「やれやれやっと着いたか、長かった」というのが正直な感想だった。それより、むっとした暑さがものすごい。

岸壁に上がると、軍隊のトラックが十数台並んでいた。これはわたしたちを迎えにきたトラックだな、と思った。将校たちが集まってくじ引きをしていた。

しばらく岸壁で待っていると、マツモトがきていった。大邱からの十七人はマンダレーにいくのだと。くじ引きでそれぞれの行き先が決まったようなのだ。一休みするまもなく、わたしたちはトラックの荷台に乗れ、と命令される。船で長い道中をともにした人たちと、それぞれに別れを惜しんだ。トラックには運転手の兵隊と、将校一人と、下士官が一人乗り込んできた。

行く先はマンダレー

トラックが出発した。行く先はマンダレーだといわれても、それがどこだかわからない。ラングーンの町を抜けると、草原を、山道を、どんどん進んだ。荷台はガタガタと上下に揺れて、乗っているのは楽ではない。

幌をかけているトラックの荷台からビルマの人たちがみえた。女も男もスカートをはいている。布を巻き付けて、腰のところで縛った長いスカートだ。みんな裸足で歩いている。男がスカートをはくのは面白い。女の人たちは野菜や果物などを入れた籠を頭の上に乗せて運んでいる。これはまるで朝鮮と同じだ。帽子をかぶって田んぼで農作業をしている人たちもみえた。そして、仏教を信じる人が多いらしく、茶色の僧衣のお坊様がそこここにいらっしゃる。先の尖った釣り鐘の形をした仏塔もあちこちにみえた。

途中、トラックに揺られてとてもおなかが空いたが、そのときに配ってもらった握り飯のうまさを忘れることはない。中には梅干しが一つ入っていた。

朝の十一時ごろから夜中までぶっ通しに走って、トラックがとまった。わたしたちが降ろされたのは、庭つきの大きな木造民家だった。高床式の家だった。階段を上がっていくと、二階ほどの高さに十二部屋もあった。台所だけは一階にあった。

次の朝、軍人たちがトラックでやってきた。板と大工道具をもってきている。

二階の真ん中を通っている大きな廊下の両側に部屋が並んでいるのだけれど、そのうちの大きな部屋を、半分に仕切って部屋数を多くしようとしていた。三人ほどで、アッという間に器用に作っていった。わたしはその部屋をみて、小人数で食事ができる小部屋ができるのだろうと思っていた。

「ここはピー屋」

現在のラングーン港（1995 年撮影森川）

ところが、その中に朝鮮人兵士がいて、その人がわたしたちに小さな声の朝鮮語でいったのだ。

「だまされてきたんだなあ、かわいそうに。おまえたちは間違ったよ、ここはピー屋（慰安所）なんだ。」

娘たちは天地がひっくりかえるほどに仰天した。ピー屋が何をするところか、知らない娘もたくさんいる。

でもわたしは少し違った。驚くには驚いたけれど、その瞬間、ああ、やはりそうか、と妙に納得したのを憶えている。ここまでの道中、マツモトの様子がなにか変だったし、軍人たちのわたしたちに対する言動が憐れみとも蔑みともつかない複雑なものだったのをみて、なにか直感するものがあった。

わたしももちろん食堂で働くものだと思ってきた。だけど、トアンショウでの経験のあるわたしやヒトミたちが、慰安婦がどういう仕事をするのか知らない娘たちと受けとめ方が違っているのは当然だ。はじめての娘たちがそのとき受けた衝撃は、それは言葉ではいいつくせない。

十七人はいっせいに大声で泣いた。「アイゴー、だまされたわたしが悪かった」「悪いこともしてないのに、なぜこんな目にあわなければならないのか」「罰が当たったのか」と。だましたマツモトにくってかかる娘もいた。

マツモトは、泣いているわたしたちに向かって、はじめてここが慰安所であるといった。軍人の相手をすれば金になるのだから我慢して働くこと、軍人は切符を持ってくるからそれを受け取って、一日分ずつを自分に渡すこと、朝鮮に帰るときに切符を合計した額を四分六に分けて、六分をわたしたちに渡すからしっかり働くように、などと説明した。

泣きながら眠った夜が明けると、軍人たちが並ぶようになった。まだ泣いている娘もいるけれど、わたしはもう泣かなかった。いくら泣いても同じだということはわかっている。

わたしたちは、「タテ（楯）八四〇〇《はちよんまるまる》部隊」と呼ぶ部隊に所属することになった。慰安所は、大邱からきたわたしたちがいるというところから大邱館《たいきゅうかん》と名づけられた。「軍人軍属以外は立入禁止」ということだった。

近くには大きな池があって、そのあたり一帯は静かな住宅地だった。ああ、ここでは戦争をやっているのだ、だから軍人たちのために慰安所があるんだな、と思った。

4 マンダレーの日々

「フミハラヨシコ」として

毎日、朝から晩まで軍人たちはきた。

ここでは、すぐ近くで戦争が行われていると感じた。けれど、命の危険を直接感じるようなことはなかった。軍人を毎日受け入れることさえやっていれば、日を過ごすことはできた。ここでの名前はヨシコとつけた。

その当時、朝鮮には創氏改名という制度があって、わたしたちは朝鮮の名前を捨てて日本姓をつけなければならなかった。わたしの姓名はフミハラギョクシュ（文原玉珠）だった。それで、大邱館でのわたしの名前はフミハラヨシコ（文原吉子）ということになった。

わたしの部屋は建物のちょうど真ん中あたりにあった。建物の真ん中を通る廊下が待合室だった。朝七時ごろ目がさめると、すぐに顔を洗って身仕度をする。といっても、別に化粧をするわけでもなく、着替えるわけでもない。わたしたちは、夜も昼も簡単服と呼んでいたワンピースを着ていた。

泊まりの客がいれば送りだす。階下にあった台所で食べる朝ごはんもそこそこに部屋に上がった。九時から客をとるのだけれど、廊下にはもう行列ができていた。とくに若い兵隊たちは朝早くから並んでいた。そして午後四時ごろになると兵隊は部隊に帰っていき、下士官たちがやってくる。夜九時か十時になると、こんどは泊まりの将校がやってきた。兵隊たちは泊まることはできなかった。

マツモトは、兵隊さんが部屋に入ってくるときには必ず愛想よく、いらっしゃいませ、といわなければならない、とわたしたちをしつけた。

料金は兵隊が一円五十銭、下士官が二円、大尉・中尉・少尉が二円五十銭、大佐・中佐・少佐が三円だった。わたしが受け取った切符は普通の日で三十円から四十円分、日曜日には七十円から八十円分になった。軍人たちは、自分はどうせ死ぬかもしれないのだから、とチップをはずんでくれたのでそれだけの金額になったが、実際に相手したのはそれほど多かったわけではない。ただ日曜など、昼ごはんを食べる時間もなく働いたことがあった。

トアンショウのときと同じように、わたしは、軍人たちの機嫌をそこなわないよう、楽しんでもらえるようにできるだけ努めた。兵隊たちの家族やふるさとの話を聞き、一緒に日本の歌をうたった。気晴らしになるよう一緒におどけておどったりもした。

日本語を教えてくださいと頼むと、喜んで教えてくれる兵隊が多かった。わたしがよくおぼえるので、次にくるときにはもっと面白い言葉を教えてやろう、とつぎつぎと新しい言葉や諺《ことわざ》を教えてくれる人もあった。

「あいすみませんですが、こういうことをお尋ねしてもよろしゅうございましょうか。」

こういうふうにていねいに物事を頼むと、相手は滅多なことでは断れないというようなことも習った。兵隊たちの間では、わたしは利口で、陽気で、面倒見のいい慰安婦として有名になっていった。

将校から教えられたとおりに漢字まじりの手紙を書くと、それは部隊中を回し読みされたのだそうな。


水なき川の水車、まわらぬ筆にて一筆ごめんくださいませ。あなた様にはお変わりございませんか。わたくしもおかげさまで、相変わらず元気に働いております。

日本の持ち歌も増え続けた。

マンダレーに残る慰安所の建物。ここは「朝日倶楽部」とよばれ、朝鮮人の少女がいた。（1995 年撮影森川）

私はこんな意味の深い歌が好きだった。

お酒のむ方
しんからかわいい
酔ってくだまきゃ
おはらハー
なおかわいい
よいよい　よいやさっと

いやなお客さんの
親切よりも
好きなお方の
おはらハー
無理がよい
よいよい　よいやさっと　　（ママ）

せっかく遊びにきているのに、部屋の隅で黙ってひざ小僧を抱えて座っている若い兵隊もいたりする。そういう人は、上官から殴られたりしてよほど悲しいか、金がないのだから、わたしが酒をおごりますと酒を買って飲ませてあげる。そういうことはすぐに部隊で伝わるらしい。何日かあとには必ずその兵隊の上官にあたる人がきて、切符を一、二枚余分に置いて帰ってくれる。チップもはずんでくれる。

兵隊もかわいそう

そんなふうにして、ほかの部屋にはだれも並んでいないときでも、わたしの部屋には行列ができるようになっていった。

所帯持ちの兵隊たちもかわいそうだった。いつも妻や子供のことを思い出しているようだった。泣きながらこんな歌をうたう人もいた。戦地の軍人たちの思いと、わたしたちの思いとは同じだった。ここにきたからには、妻も子も命も捨てて天皇陛下のために働かなければならない、と。わたしはその人たちの心持ちがわかるから、一生懸命に慰めて、それを紛らしてあげるよう話をしたものだった。

散ったあなたの
形見の坊や
きっと立派に

育てます

将校たちの歓迎会や送別会などのパーティにお呼びがかかるようになってきた。わたしは金になるのだからと自分を納得させて、パーティにも行ったし、とにかく一生懸命に働いた。もちろん、わたしは珍しい例で、慰安婦がみんなわたしのようだったわけではない。

日本語がおぼえられなかったり、慰安婦の生活にどうしても慣れることのできない娘もいた。そういう娘は、軍人が言葉をかけても返事をしないし、反抗的な態度をとる。そうすると軍人は、ただ自分勝手に行為だけすまして帰るし、いらいらして余計に慰安婦に乱暴するようになる。殴られたり、蹴られたりということにもなる。かわいそうに、乱暴される娘はいつも決まっていた。どんなに抵抗してもわたしたちは逃げることはできないのに……。

男の相手などしたくないという気持ちはわたしも同じだけれど、慰安所ではそれは通用しない。娘にとっても兵隊にとっても、お互いにつらく惨めなことだった。

「万事要領を旨とすべし」

日本には「人間万事要領を旨とすべし」という言葉があるそうだけれど、軍隊というところはほんとうに、要領の悪い人にとっては生きにくいところだった。若い兵隊は次から次と上官から殴られるし、命令があれば前線でもどこへでも行かなければならない。朝から晩まで自由な時間などないし、明日死ぬことになるかもしれない。なんとか要領よく命令をこなしていかなければ身が持たない。いちいち命令の意味を考えたり、腹を立てたりしていたら、憲兵がいつも目を光らせているので、いつ捕まって営倉に入れられるかわかったものではない。

それに軍隊とは不平等なところだった。階級によって、給料はもちろん、衣服にも、出入りするところにも完全に差がついていた。位の低い人は町を歩いていても、将校の乗った車が赤い旗を立てて近づいてくると、通り過ぎるまで直立不動で敬礼をしなければならなかった。貧乏な兵隊もいたのに、わたしたちにチップをふんだんにくれた将校もいた。「ヨシコさんはかわいいから、ほら、ポチをやろう」といって。それは、糧秣《りょうまつ》係など軍隊の食料や衣料品を扱っている人たちで、その人たちは大金《おおがね》を持っていた。

お国のために、天皇陛下のために、と一生懸命になって前線に行く若い兵隊がいちばんかわいそうだった。わたしたちと同じ年ごろだった。兵隊たちには、わたしたちのところにくること以外、楽しみはなかった。ほとんどは、「慰安所にくることだけを一週間考えていた」といっていた。大部分の兵隊たちは真面目で善良で、神さまを信じていた。下着姿になるとみんな、首からぶら下げた守り札を肌身離さず持っていた。

ここでも一週間に一度、軍医や衛生兵がきて検黴《けんばい》した。検査の器具を膣に入れてただれなどを検診されたし、分泌物をとって検査された。わたしはやはり進んで検査を受けた。病気になるのがなによりも怖かったので、サック（コンドーム）を使わない軍人がいたりすると、とくに念をいれて洗浄した。たとえサックを使っていたとしても、たちの悪い、いやな軍人の場合など、徹底的に洗わずにいられなかった。軍人が性病にかかっているかどうかもわたしたちにはわからないことなので、自分で気をつけるしかなかった。サックを使うように一生懸命説得した。「わたしが病気になるのもいやだし、兵隊さんも病気になったら困るでしょ、お互いにそうなのだから、サックを使ってくださいね」といって。ちゃんと説明すれば、おおむね軍人たちは納得した。

洗浄室は廊下のいちばん奥にあった。

ここには水道の蛇口がひとつあり、水浴びができた。風呂はなかったが、ビルマは暑いところだから風呂はいらない。たらいに水を汲んで消毒液を使って局部を洗う。消毒液は、カマカンサン（過マンガン酸）という赤い丸薬を溶かして作った柿色の水だった。この薬は一週間に一度配給された。飲むと死んでしまうほどの猛毒だけれど、尿を入れると中和されて毒が消える、と衛生兵から聞いていた。あるときわたしの尿を入れて実験してみた。ほんとうに、尿を入れると色が消えてただの水になってしまった。

それで、友達の命を助けたこともある。「きつい、きつい」といっていた友達が、自殺しようと思ってこれを飲んでしまったのだけれど、とっさにわたしの尿を飲ませて助けたのだった。もう意識不明になってほとんど死んでしまっていたのに、あっというまに生き返って、なんとも不思議だった。

なかにはたちの悪い、いやな兵隊もいた。わたしたち慰安婦を、わけもないのに朝鮮ピー、朝鮮ピーと呼び捨てたり、なにかにつけて、朝鮮人のくせに、とばかにしたりする兵隊だ。そういう兵隊に限ってサックを使おうとしないことが多かった。わたしはそういうときにはいつも、「憲兵さんにいいつけてやるから」と脅《おど》したり、思いきり股《また》を蹴飛ばしてやったりすることにしていた。

前線に出発する前には特別に許可がでるので、兵隊がそろってやってきた。そういうときにはみんな気分が苛立っていて、わたしたちに八つ当りする人が多かった。相手をするのもとても難しかった。

兵隊の中には朝鮮人もいて、大邱からきた兵隊もいた。朝鮮人の多い部隊はとても強いということだった。○《まる》の中に赤い平仮名の「さ」の字が入った肩章をつけていた。わたしたちは朝鮮人の兵隊と、お互いに無事で故郷に帰ろうね、と励ましあっていた。〇の中に「た」の字が入ったマークは騎兵隊で、「時代劇のように馬に乗って、刀を振って戦争するのだよ」と教えられた。

イチロウとの出会い

わたしは若い娘だった。恋もした。

ある夕方、もう何人か兵隊を受けたあとではなかったろうか、部屋の外にでて月をみて泣いていたら、どうしたと聞かれたので、振り返るとヤマダイチロウ（仮名）だった。

「朝鮮のおかあさんに逢いたい。」

わたしは答えた。

「そうだろうなあ、こんなところにきてつらかろう。自分も明日前線にでていくことになった。親からもらったこの命をついに捨てることになるかもしれない。それでも自分は日本人だからしかたない……。でも、あんたは朝鮮人なのだから死ぬことはない。なんとしても生きのびて国に帰って親孝行しなさい」といった。

二人で泣いた。わたしたちは部屋に入った。酒をのんで、心から別れを惜しんだ。わたしは一生懸命ヤマダイチロウの無事を祈った。二、三ヵ月して、前線からヤマダイチロウの部隊も戻ってきた。ヤマダイチロウは無事だった。すぐに慰安所にきた。

「ヤマダ上等兵、無事帰還いたしました。」

ヤマダイチロウはわたしに向かって敬礼した。わたしたちは抱き合って喜んだ。そういう日はマツモト公認で、慰安所全体も大騒ぎになり、開店休業だ。さっそくわたしたち慰安婦も一円ずつ出し合って大宴会をしたのだった。

ヤマダイチロウはわたしより三つ年上。上等兵で、本籍は茨城県稲敷郡シモオ《（ママ）》町。わたしの部屋に何度かくるうちに、おもしろい男だと思うようになっていた。方言を教えてくれて、それを使ってわたしを笑わせるのだ。「ヨシコさん、いま何時だびゃー」「そうなんだびゃー」といって。

わたしたちは互いにスーちゃんということになった。慰安所で恋愛の関係ができるとそう呼んだものだった。わたしたちにはたいてい一人ずつスーちゃんがいた。

ヒトミやツバメが、「ヨシコは将校さんたちからも人気があるのに、どうして上等兵のヤマダイチロウが好きなの」とからかったけれど、わたしは人を「位」で好きになったりしない。将校さんをスーちゃんにした友達もいたけど、慰安所では将校さんも兵隊さんも関係ない。

ほかの兵隊たちがやきもちを妬いた。わたしの気を引こうとして、食べ物やちょっとしたプレゼントを持ってきた兵隊もいた。うるさいし、面倒くさいし、つらかった。わたしは、「これはわたしたちだけの問題で、あなたたちとは関係ないことでしょ」と取り合わなかった。そのうち、わたしたち二人のことは軍人たちに知れ渡っていった。ヤマダイチロウがきているときは、つぎの兵隊はよその部屋にいったりして遠慮してくれたりすることもあった。

何千人もの男たちがいたけれど、そのときのわたしにはヤマダイチロウしかみえなかった。ヤマダイチロウは初心《うぶ》で、上品で、やさしくて、ひょうきんで、それに賢い男だった。わたしのためにお座敷歌を替え歌にしてうたってくれた。

ひとつとせ
人もすきすき　水仙の
花よりきれいな　ヨシコさん
ヨシコさんよ

ふたつとせ
二人そろって　歩くのに
世間が邪魔して　歩かれぬ

ヨシコさんよ

みっつとせ
身もよい　気もよい　きれもよい
わたしが惚れるも　無理じゃない
ヨシコさんよ

よっつとせ
夜の巡察　打ち上げて
送りましょう　門までも
ヨシコさんよ

いつつとせ
いつかお腹が　七、八月
どうしてくれるの　ハラダさん
ハラダさんよ

むっつとせ
無理に結わせた　高島田
なおしてちょうだい　丸髷に
ハナコさんよ

ななつとせ
なんぼいうても　きかせても
あなたの浮気は　なおりゃせぬ
ハラダさんよ

やっつとせ
山でするときゃ　木の根が枕
落つるくる葉は　桜紙
ハナコさんよ

ここのつとせ
ここでしようか　あそこでしようか

コーリャン畑の　真ん中で
ハナコさんよ

とうとせ
とうとう数えた　数え歌
うたってちょうだい　ハナコさん
ハナコさんよ　　　　（ママ）

「戦争が終わったら、日本にいって一緒に暮らそう」というから、「わたしは朝鮮人だから朝鮮に帰らなければならない。そんなことはできない」というと、ヤマダイチロウはこういった。

「自分が朝鮮に行こう」

「それなら自分が朝鮮にいこう。ヨシコが日本人になってもいいし、自分が朝鮮人になってもいい、愛に国境はないというじゃないか、おまえはばかやなあ。」
そういったとき、ヤマダイチロウは泣いていた。この言葉をわたしは決して忘れない。ヤマダイチロウという男はほんとうにいい男だった。

一週間に一度ヤマダイチロウがくるのが生きがいになって、わたしは慰安婦の生活に耐えられるようになっていた。

将校たちの宴会に呼ばれる回数が増えてきた。それはうれしいことだった。チップの現金収入があるし、そのあいだだけでも慰安所で兵士の相手をする時間が減ったからだ。

慰安所は池の近くにあった。池のまわりにはぽつりぽつりと大きな民家が建っていた。二階建てだったけれど、一階部分は柱だけで、下を風が吹き抜ける高床式だ。庭には名を知らない樹木がたくさん茂っていた。二畳ほどの部屋には、入口に一、二、三と番号がついていて、「○○子」という木の名札をかけることになっていた。部屋の中は寝具と身のまわりの物だけの殺風景なものだった。タオルや石けんは軍隊から配給された。マツモトが頼むと兵隊が持ってくるようだった。町に行ったときに買ったこともある。

食事は、マツモトが雇ったビルマ人の女性が作った。朝鮮風に味付けをするよう教えていたが、なかなかうまくいかなかった。ときどきカレーを食べた。はじめてカレーがでたときは、辛くて、まずくて吐き出すほどだったけれど、何回か食べるうちにおいしく感じるようになった。ビルマの牛肉は水牛だったが、味がなかった。そういえば、町に出たときなど、箸やさじを使わず、ビルマ人のまねをして右手で食べたことがあったが、ビルマの人たちが大喜びしていた。

糧秣係の軍人から煙草や飴や果物の缶詰をもらうこともあった。

わたしたちはみんな、猛烈にキムチを食べたがった。だれかが、熟れる前のパパイヤが大根に似ているのでやってみようといったので、さっそくカクトゥギ（大根キムチ）を作ることになった。さいころのように四角に切って塩漬けにし、干しエビを使って味を出した。ビルマの赤唐辛子を使ったが、なかなかうまくいった。汁がほしいときには、近くの山に入ってビルマ人から教えられた山菜を採ってきて作った。

野戦郵便局への貯金

マツモトは、わたしたちから切符を受け取るだけですこしも金をくれなかった。食べ物や着るもの、ちょっとした化粧品を買いたかった。わたしたちは一致団結してストライキを打つことにした。いつもわたしがリーダーとなって、金をくれないのなら働かないといって交渉した。そうやって実力行動を起こしたときだけ、マツモトは金をわずかばかり、そう一円か二円だけくれるのだった。

わたしの手もとには、少しずつもらったチップが貯まって大きな金額になった。友達に比べてわたしだけが大金を持っているのは都合が悪い。事務を仕事にしている軍人に、わたしも貯金できるか尋ねると、もちろんできる、という。兵隊たちも全員、給料を野戦郵便局で貯金していることをわたしは知っていた。貯金することにした。兵隊にたのんで判子も作ってもらい、お金を五百円預けた。

わたしの名前の貯金通帳ができあがってくると、ちゃんと五百円と書いてあった。生まれてはじめての貯金だった。大邱で小さいときから子守りや物売りをして、どんなに働いても貧しい暮らしから抜け出すことができなかったわたしに、こんな大金が貯金できるなんて信じられないことだ。千円あれば大邱に小さな家が一軒買える。母に少しは楽をさせてあげられる。晴れがましくて、ほんとうにうれしかった。貯金通帳はわたしの宝物になった。

月に一度休日があった。町にでかけていって買物をした。バナナ、マンゴー、パパイヤなど、朝鮮では食べられない果物を買って食べるのが楽しみだった。バナナはおいしかったが、マンゴーは好きじゃなかった。マンゴーを食べるといつもあたる友達がいた。そう、ヒトミだったか……。三、四日発疹がでるのだけれど、それでも「好きだから」といって食べていた。わたしが好きなのは、あれは、名前をなんというのだろう、栗のような味のする実は。あれがいちばん好きだった。

町で接するビルマの人たちはわたしたちに親切だった。仏教の信仰深い、おだやかな人たちだったと思う。

ビルマ語も覚えた

ビルマの居酒屋に行ったことがある。どういうわけだか知らないが、日本の軍人たちはけっしてビルマ人の居酒屋には行かなかった。いくつかのビルマの言葉を覚えた。

「歳はいくつか」と聞くときは、「キメイワ　アッタン　ベラウレ　シデラ」といえばいい。「わたしは十五歳よ」というときは、「メイマ　センアージャ」と答えればいい。人力車にのって、「止まって」というときには、「アッタン」だ。ビルマの人がおどるときにはこんな歌をうたう。

ノチナララ　ナンターチメサーウィ
ワンニーチャンニーカンス
シェニーナノンヌン　ウォッチャイ
ピーニペネンスウォン
トックチャンヌム　レンコンカン
トックチャンヌム　レンコンカン　（ママ）

インドの人たちがうたう歌も知っている。これは、乞食が「お金をください」という歌だと聞いた。疲れてきつかったときに少しだけ金を払って部屋を掃除してもらったインド人のクーリー（苦力）に習ったものだ。

サー　ウンネヒンネ
サーウーレー　アハッハッハ
カリユケハーコベー
ランラン　ラララ
ミスター　ヘイ
モニー　フェイバリー　　　（ママ）

好奇心に富んだ若い娘であることと慰安婦であることとが、わたしのうちで折り合いをつけていたのは、このマンダレーのときまでだった。七、八ヵ月たったころ、大邸館のわたしたちはアキャブに向かって移動しろ、という命令を受けた。

わたしたちは結局、ここで働いた金をいまだにもらっていない。

5 最前線へ

最前線アキャブへ

トラック五、六台が一団になって出発した。わたしたち慰安婦も一組になり、二人の下士官に引率されて、いちばん後のトラックに乗り込んだ。アキャブに向かうといっても、どういうところに向かっているのか、わたしたちにはさっぱりわからない。アキャブが最前線だということなど、わたしたちにはなにもわかってなかった。

そういえば、軍隊というところはとかく秘密が多いところだった。兵隊さんが前線に出るというので、「どこにいくのですか」と聞いても、「知らないが前線だ」とか「教えられない」とか、いつもそんな答えしか返ってこない。実際、行き先などは兵隊さんたちにもわかっていなかったらしい。スパイがあちこちにいるので、それを警戒してのことだったろう。しかし、わたしたち朝鮮人は小さいときから、「イチ、ワタクシタチハ大日本帝国ノ臣民トナリマス」といつもいわされ、現に、わたしたちはこんなに遠いところまで、だまされて連れてこられたのに、いざというときには信用されていない。情けないことだ。

アキャブまで三ヵ月くらいかかっただろうか、長い道中に思えた。敵にみつからないよう隠れながら動いた。まるで逃避行だった。もんぺ姿に毛布一枚、風呂敷包み一つがわたしたちの荷物だった。

大邱館からトラックに揺られて少し行くと、川岸に出た。大きな川だった。そこからは船に乗ったり、ジャングルを歩いたり、またトラックに乗ったりしながら川伝いに進む。川を渡るときはダイハツ（大発）と呼ぶ船に乗った。十二、三人乗りの小さな舟で、エンジンがついていた。わたしたちを乗せるために、引率の下士官が「おーいダイハツー、ダイハツー、こっちだ、こっちだ」と叫んでいた。ダイハツは川を行ったりきたり、何度も往復して兵隊やわたしたちを運んだ。黄土色に濁った川だった。

川を船で進む以外は、敵にみつからないようジャングルを行軍するのだった。山の道はトラック一台がやっと通るほどの、道ともいえないような道だ。山の上の少し道幅の広いところでトラックやジープは離合していた。軍人たちは無線連絡して車両の衝突を避けていた。

身を投げた友

そのような移動の途中、友達が川に身を投げた。つらかったのだ。

おとなしくてあまり目立たない娘だった。名前をどうしても思い出せない。「処女供出」といって、警察官がきて、かならず娘を出さなければならないことがあったが、天井裏に隠れていたところを引っ張られてきた姉妹の、妹のほうだった。とっさのことだったろう。姉でさえ妹を助けてあげることができなかった。雨がたくさん降って、濁った川の水がごうごうと流れていた。三日ほどして、川下の倒木に引っ掛かっていた遺体をビルマ人がみつけて、教えてくれた。みなで走って行ってみると、目が開き、水を飲んだためにおなかが大きく膨らんでいた。

遺体を川岸に引き上げ、みんなでガソリンをかけて焼いた。姉が狂ったように泣いた。わたしたちもみんな泣いた。姉も妹もかわいそうだったし、それに友達を死なせてしまったのが悔しかった。

引率の下士官たちも気の毒がってくれはしたが、そういうことがあると監視を厳しくするようになる。わたしたちがあとを追って自殺をしたら困るからだ。

また行軍しなければならない。戦争中は忙しくて、なにがあってもゆっくり悲しむひまもない。

ジャングルを、そして足を取られる湿地を、おなかをすかしてふらふらしながら歩いた。食事はところどころにあった小さな司令部のようなところでもらったが、ごはんと梅干しくらいの粗末なものだった。わたしたちは若かったから、おなかもすいた。

ときには自分たちで食事の支度をすることもあった。昼間の明るいときに火を焚くと煙が敵にみつかる。夜はまた火がみつかる。だから、はんごうでごはんを炊くのは夜明けの直前だった。薄暗いところでこそこそと飯を炊き、缶詰の魚を少しと、梅干しだけをおかずにして食事をした。昼間は水しか飲めないこともあったし、敵が近くにいるときは、二日間くらいなにも食べられないこともあった。

アキミねえさんの死

またつらいことが起きた。トアンショウでも一緒だった二つ年上のアキミが血を吐いたのだ。大きな川の中にある中洲のような島でのことだった。衛生兵が十人ほどいる野戦病院に連れていった。結核だった。アキミは小さくて、やせていて、おとなしくて、ほんとうにきれいな女だった。わたしはアキミをとても好きだったので、「オンニ（ねえさん）」と呼んでいた。ずっと咳ばかりしていて、苦しそうだった。

くる日もくる日も、朝から夜まで何十人もの兵士の相手をさせられたから、病気がすすんだのに違いない。顔色が真っ白で、もう生きる力をなくしてしまっていた。一歩も歩けなくなっていた。

先を急がなければならない、と下士官はいった。結核がうつるのを恐れて、ほかの友達は看病をいやがった。わたしがそこに残ることにした。かゆを食べさせ、衛生兵が注射を打ったり、薬を飲ませたりしたが、効果はなかった。

一週間か十日ほどしかもたなかった。

アキミは「ねむたい」といって、寝床に座ったまま眼をつぶっていた。衛生兵が「注射をしよう」とやってきたので、「いま寝たばかりだから、起こさないで」といって寝かせておいた。二時間ほどしてまた衛生兵がきたので、今度は起こさなければと思い、「オンニ、オンニ」と呼んでみた。しかし、アキミはもう目を覚ますことはなかった。

衛生兵は、アキミねえさんを焼けとわたしに指図した。また人を焼かなければならない。アキミの荷物を開けてみると新しい洋服が一枚入っていた。それを着せてあげた。きれいな服を着たねえさんをわたしが焼いたことだった。

アイゴー、悲しかったよ。

木を組んだ上に、毛布にくるんだままのアキミねえさんを乗せて、さらにまた木を乗せて油をかけて火をつけた。

そのとき、ザーッと雨が降ってきた。衛生兵が鉄板を屋根のように乗せて、そのまま焼き続けた。ジージージージーといいながら焼けていった。髪の毛と腰のところがなかなか焼けなかったので、丸太でねえさんの腰を持ち上げて風を通して焼いたことだった。遺骨を少しだけでも大邱の両親に持って帰らなければと思い、頭の骨を拾った。

大事にしていたのだけれど、その後、その骨はどこかでなくしてしまった。死体が焼ける臭いが忘れられなくて、わたしはその後、何年間も焼肉が食べられなかった。

それからみんなに追いついて、アキャブに向かって進んだ。

こんなこともあった。

山の中でのこと、瓜畑の見張り小屋があった。中にはハルモニ（おばあさん）が三人ほどいたが、そのうちの一人が、わたしたちが朝鮮語で話しているのを聞いて突然泣きはじめた。身振りでさかんに「わたしもあなたたちと同じだ」といっている。ビルマ語のわかる下士官がたずねると、「自分は独立運動家の夫と一緒にやってきた朝鮮人で、そのまま帰れなくなって、ここにいる。子供は男が二人に女が一人。みんなここで成人した。夫は亡くなり、いまは一人で働いている。言葉を忘れてしまったが、わたしは朝鮮人だ」といっているということだ。そのハルモニは六十歳くらいで、顔はなるほど朝鮮人らしいが、ひっつめた髪型も身なりも、もうビルマ人と同じになっていた。

その小屋のそばには珍しく清流があり、小さな魚が群れをなして泳いでいた。ザルでさっとすくうとそのままザルいっぱい捕れるくらいに。兵隊たちが喜んで魚を捕ってくれる。野菜も入れてスープを作って食べた。

さらに進んで行く。歩きにくいぬかるみを、声もなくびちゃびちゃと歩いているとき、足を取られ、あわててもがいてずぶずぶと抜け出せなくなっていった友達がいた。

「アイゴー、助けてー」と叫ぶ友達を、兵隊が「いいか、あばれるな、力を抜け」と声をかけながらロープを投げて、腰のあたりまで沈んだところで助けあげた。ビルマのどろ道はとてつもなくぬかるむ。

山に近い川岸など狭い谷間を移動しているときに、イギリス軍の爆撃を受けることがあった。

空から飛行機がシューッと急降下してきてタタタタタッと射って、またシューッと上がっていく。それを繰り返すのが谷の空襲だった。パイロットの顔がみえた。わたしたちは木陰に隠れてそれをみていた。

夜がくると怖かった。野獣がいるのだ。真っ暗闇をウーウーという鳴き声が低く響き渡る。二つの眼がきらりと光る。トラやヒョウがランプの光や人の気配をめがけて襲ってくるということから、わたしたちは数人ずつトラックの上に小さくかたまり、ドラム缶をかぶせられた。ドラム缶に入ることもあった。そしてその上にさらに毛布を二、三枚かけられるのだ。抱き合って息を殺して眠りについた。どこかで襲われてしまった軍人がいたのだそうだ。ところによっては笛をピー、ピー鳴らしたり、トラックのヘッドライトを何台分か照らしたり、薪を燃やして猛獣を防いだこともあった。

アラカン山脈を越えた

そうやってわたしたちが越えた山は、アラカン山脈といったそうだ。

目が覚めるような鮮やかで美しいチョウが飛び、サルがするするとバナナの木にのぼって、じょうずに実をもぎ皮をむいて食べている。シカが音も立てないで走っているところや、腕ほどもある大きな、模様のあるヘビが樹の枝に長く延びているのもみたことがある。太いヘビはとぐろなど巻かない。太すぎて巻けないのだ。また、マラリヤをおこすから刺されないようにと注意を受けた蚊もブンブンと飛んできた。

大命いっかを　御旗をすすめ
アラカン山脈　打ち越えて
ああきたぞ　よろこべ
アキャブよ

白頭御山に　積もりし雪は
溶けて流れて　あれなれの
ああきたぞ　よろこべ
アキャブよ

霧に義理ある　あなたを捨てて
縁もゆかりもない人に
末を頼むといった
その心に誓い　（ママ）

と、白頭山節の歌詞を替えてうたわれたアラカン山脈だった。
アラカン山脈を越えて、海に出たころだったろう。途中、何度かタテ師団の中隊や小隊に出会った。島に渡らなければならないときに船を待つ、そんなときのことだ。

もう顔馴染みになっていたので軍人たちは歓喜し、わたしたちも出会いを喜んだ。そうすると、きまって「ここでも慰安していってよ」と頼んでくる。引率の下士官が、「自分たちは何日までにアキャブに到着しなければならないから」といって断ろうとすると、「では許可を得ればいいだろう」といって、無線で師団司令部に許可を申請する。司令部はそういう依頼にはすぐに許可をだした。

その周辺にある民家が急ごしらえの慰安所になった。筵《むしろ》で仕切りをしただけの慰安所だった。アキャブに到着するまでにそういうことが二度か三度あった。そこで二週間から一ヵ月ほど臨時営業だ。

うれしかったのは、そのたびにヤマダイチロウがきてくれたことだった。「女たちがきたと聞いて、もしかしたらヨシコがいるかと思って飛んできた」と、顔だけみせてすぐに行ってしまう。ヤマダイチロウは無事で、元気だった。仏さまがわたしたちを会わせてくれたのだ、と思ったことだった。許可がおりるとヤマダイチロウは飛んでやってきた。どうやら、わたしたちとヤマダイチロウの部隊は並行してアキャブに向かって進んでいるようだった。

こんどは海沿いに進む。ダイハツに乗ってアキャブをめざした。海の色が黄色く、川と同じ色だったのが不思議だった。

そうやって、汚れた服を引きずりながらわたしたちはやっとアキャブに着いた。疲れ果てていた。

アキャブはインドに近い島だった。いや、地獄に近い島だった、といったほうがいいかもしれない。最前線だった。

6　地獄に近い島・アキャブ

兵隊のズボンをもらって

連れていかれた慰安所は二階建ての、高床式の大きな民家だった。この慰安所には名前がついていなかった。

ここには、近くに日本人や中国人の慰安婦がいる慰安所があって、全部で四軒だった。日本人の女がいる慰安所は将校専用だった。マツモトはきていないので、切符の管理をするのは司令部の軍人たちだった。何人かの下士官が一週間交代できていたのだと思う。

わたしたちはマンダレーから着のみ着のまま難儀な旅をしてきたので、着るものが破れたり汚れたりしており、兵隊のズボンをもらって着ていた。

アキャブはわりと大きな町だった。戦争が始まることを知っていたからか、住民はみんなどこかへ逃げてしまっていた。食べ物屋が少し開いていた以外、商売人もいなかったので、服を買うこともできなかった。

最初の二、三ヵ月間は、それでもいつもどおり慰安婦としての仕事をしていた。前線からはつぎつぎと兵隊たちが帰ってきて、毎日慰安所にきた。わたしは将校たちの送別会や慰安会に呼ばれていってはうたっていた。

将校慰安所には日本人の芸者が十人ほどいて、派手な着物を着ていた。わたしたちより歳が五、六歳くらい多い人が大部分だった。なかには十歳も上の人もいた。わたしは芸者がうたう歌をたくさんうたえるようになった。お座敷歌や民謡なども、一度聞けばおぼえた。わたしは、少し年をとった大佐や中佐がいれば、その人たちが喜ぶ『ちょいな節』をうたったし、若い将校がいれば、こんな歌をうたった。

大佐中佐少佐　じじくさい
大尉中尉にゃ　妻がある
かわいい少尉さんにゃ　金がない
女泣かせの　軍曹どの　（ママ）

『ちょいな節』にはふた通りの歌があって、両方うたえた。

ちょいなちょいなは　どこから流行る

あら　どっこいしょ
流行る　博多の
こりゃ　柳橋よ
ちょいな　ちょいな

芸者面の顔　三月柳の新芽の糸よ
あら　どっこいしょ
しき新芽の　木の芽の田楽
こりゃ　夏の西瓜の花が咲く
ちょいな　ちょいな　（ママ）

イチロウと再会する

そんなある日、ヤマダイチロウの友達がやってきて、「あと一週間もすればヤマダイチロウがくるよ」という。わたしは「それは本当ですか」といって喜んだ。

そうしたら、ほんとうに五日ほどしたある夜、九時ごろだったろう、ヤマダイチロウが息せき切ってやってきた。

「ヨシコがここにいると聞いて、許可も得ずに飛んできた」といって、部屋の外でにっこり笑っている。飛び上がるほどうれしかったが、憲兵にでも見つかったらたいへんなことになってしまう。

「無事でいることがわかったのだから、もういいじゃないですか。おねがいだからすぐに部隊に戻って。みつかったら営倉入りでしょ。」

わたしは必死でたのんだ。

「ヨシコ、おれは上等兵から兵長に位が上がったよ。」

ヤマダイチロウはそういった。

「まあ、それはよかった、ヤマダさん、出世したんですね。うれしい」とわたしがいうと、「ヨシコはそんなにうれしいか」という。「うれしいに決まっているでしょ。あんたが出世するのに、なぜわたしがうれしくないの」といったら、「喜んでもらってよかったあ、アハハハ……」と大声で笑った。これまでは上等兵だから肩章は星三つだったのに、なるほど長い線が一本、兵長のマークがついている。

「こんどの休みにゆっくり遊びにきてね」というと、「そうしよう」と帰っていった。

ヤマダイチロウは一週間に一度くるはずで、その日になると、わたしは朝からウキウキしながら待っていた。予定どおりにきてくれるとなにもかもうまくいく。反対に、約束の日になにか非常事態でも起きて勤務しなければならなくなり、こられなくなったときなど、なにかあったのではないか、敵にやられたのではないか、と心配でなににも手がつかない。なんど心配したことか。

でもヤマダイチロウは、その次にきたときには、おどけてうたいながら部屋に入ってくるのだった。

床とってまってたのに
なぜ来ーない
週番勤務か　日曜か　（ママ）

アキャブで、ヤマダイチロウは何度わたしのところにきただろうか。一週間に一度として、二、三ヵ月だったから十回ほどだったか……。

まもなくヤマダイチロウはぷつりとこなくなった。そして、それ以来わたしは噂さえ一切聞いたことはない。部隊全部が敵にやられた場合だってあるのだから、聞く人さえいない。ほかの部隊の兵隊たちは口をそろえて、「あきらめたほうがいい」というだけだった。

わたしにはいまもときどき、「愛に国境はないというじゃないか、おまえはばかやなあ」といって泣いていたヤマダイチロウの声と顔が浮かんでくる。

繰り返される空襲

戦争が激しくなった。

空襲が繰り返されるようになった。ほんとうに毎日のように爆撃された。

そのときも敵機が飛んできた。逃げろ、と命令が出る。決められた防空壕に逃げることになっていた。飛行機がシューゥ、シューゥと、ものすごい音とともに高度を下げてくる。爆弾が落ちてくる。地面が跳ね返る。長さが一メートル以上もある焼夷弾がつぎつぎに落ちてくる。そこここの建物に火がつく。わたしたちは逃げまどう。そのときは逃げる場所もないほど、ものすごいじゅうたん爆撃だった。

爆弾の破片に左腿がやられてしまっているのにも気づかないで逃げた。

防空壕に入った。まるで迷路のように、ジグザグにトンネルが掘ってあり、その奥におどろくほど広い、そう二十畳もありそうな空間ができていた。そこはわたしたち用の防空壕だった。壕のまわりが燃え上がっている。近くに司令部が使っていた建物があったので爆撃を受けたのだ。暑くて煙たい。息ができない。爆撃は何十分も続いた。地響きが続いた。

わたしたち女だけが入っているので、どうなっているのか、外の様子を教えてくれる軍人もいない。水もごはんも食べられないまま、防空壕の真っ暗な中にじっとしていた。あやうく蒸し焼きにされるところだった。いつ外に出たらいいのかわからなかった。じっとしているのはわたしの性にあわないが、そうやっているより仕方ない。友達はみんな泣いている。日本軍だって攻撃を受けているのだから、わたしたちを助けてくれる暇もないのだ。あのときは全員死んでもおかしくない状況だった。喉が渇いて、水が飲みたかった。

一日ほどたって壕をでてみると景色が変わっていた。左腿がちくちくと痛むのでみてみると、爆弾の破片が食い込んでいる。手術してとってもらったら七、八センチほどの傷痕になった。当時はときどき痛んでいたが、時間がたったせいか、いまは色も消えて少しひきつるほどの小さな傷跡になってしまった。

この空襲を経験したあと、わたしはどんなにひどい空襲があっても、もう防空壕に入るのはやめることにした。

飛行機の飛び方をじっと観察すると、爆撃されない方角がわかるようになったのだ。それを見きわめて反対方向に逃げることにしたのだ。

昼間偵察機が飛んでくると、その夜か翌日に爆撃があることが予想できた。

夜の場合、まず落下傘をつけた照明弾が落ちてくる。あたり一面がパァーッと昼のように明るくなる。だからよくみえたのだけれど、アキャブにはビルマ人のスパイがいて、空に向かって「ここだ、ここが倉庫だ、ここを爆撃しろ」というように身振りで合図する。そうするとやがて爆撃が始まる。

爆撃音が、ダダダダダダ、ダダダダダダと大きいときは、少し遠くがやられているときだ。近くにくるときにはシューン、シューンと耳を圧迫するような音がする。そして近くで爆弾が破裂するときには、空気全体がガァーンとはじける。その瞬間には手で耳と目をおおって、口と鼻は開けて息をアーッ、と吐き出さなければならない。

そうしないと爆撃の圧力で、耳は聞こえなくなり、目は飛び出し、腹が破裂して腸がはみ出すのだそうだ。軍人が教えてくれた。わたしたちは、爆撃のあいだじゅう、みんなで小さくかがんでアーッ、アーッとやっていたものだった。でも、実際にこちらに向かって爆弾が落とされるときには、そんなことをやっていられない。

ドカン、ドカンと爆弾が落ち、バラバラバラ、ザザザザーッ、ゴゴゴゴーと大地が揺れる。そんななかを慰安婦も兵隊も、そしてもちろんビルマの人たちも、悲鳴をあげながらまるでクモの子を散らすように逃げた。わたしたちのまわりの、そこここに怪我をして苦しんでいる人や、爆撃や銃撃で体が飛び散って死んでしまった人が山のようにいた。

父の幻影に助けられ

ああ、どこに逃げたらいいだろう、死ぬかもしれない。言葉もわからない町で……。と父の幻影が現れた。こっちだよ、こっちだよ、と手招きしている。その先には橋がある。思わず橋の下まで走る。たどりつくとどういうわけか、そこは安全だった。それ以来爆撃があるたびに、わたしは友達を誘って橋の下に避難することにした。そこでは爆撃の様子をよく聞くことができた。わたしはみるよりも聞くほうが、爆撃の方向や遠近はより正確に判断できるのではないかと思っている。

イギリス軍や日本軍の飛行機が落ちるのをなんどもみた。遠くからみていると、飛行機はヒラリ、ヒラリと、左右にいったりきたりしながら落ちていく。わたしは、「飛行機が落ちた」と聞くといつも、「それっ」とばかりに残骸をみにいったものだった。パイロットがけがをしたり、死んだりしていたのをみたこともある。一人のときと二人のときとあった。イギリス人は色が白くて毛深いから、体がバラバラになってしまっていたりすると、首がついていないときには肉片はピンク色で、まるでブタ肉のようだった。腕や肩に刺青をしている兵士が多かった。

友達は、「なぜそんな物がみたいのか、ヨシコは頭がおかしい」といったけれど、わたしはどうしてもみなければ気がすまなかった。ぜんぜんおそろしくなかったし、イギリスの軍人がどんなふうに死んでいるのか、イギリス軍はどんな飛行機に乗っているのか、みてみたかった。若かったためだろう。

敵の缶詰を食べたこともあったが、あれは、イギリス軍のためにイギリス軍が飛行機で落としていったものを、日本の軍人が拾ってきたものだった。

そのように騒然とした中でも、いったん空襲が終われば、またわたしたちは慰安婦の仕事をしなければならなかった。慰安所は爆撃されていなかった。いつのまにか鏡がなくなったので、バケツの水に顔を映してみたものだった。

二階から突き飛ばされて

激しい戦闘があったあとは、兵士たちはかならずわたしたちに荒々しく迫ってきた。

旧暦の八月、中秋のころだったと思う。慰安所の二階ベランダの端に座って足を宙にぶらぶらさせて泣いていた。母や兄弟が恋しくて……。

すると、酔っ払った兵隊がきて、「なんで仕事をしないで、こんなところで泣いているのか、なにが悲しいのか、この朝鮮ピー！」とののしりながら、あれこれうるさくからんできた。わたしは負けずに、「あんたは自分の国のためにきているのだからうれしいかもしれないが、わたしは自分の国のためにきたわけじゃない。なんで朝鮮人のわたしがこんな目にあわなければならないか、とおもって悲しいのよ」

と応戦した。

「このやろう、なにをいうか。」

わたしは突き飛ばされて、空中に放り出された。とっさに頭を抱えたけれど、庭に落ちたときには、いやというほど腰を打ち、左腕の骨が肘の関節から突き出て折れていた。

すぐに近くの野戦病院に連れて行かれた。骨が突き出ているので簡単服を脱ぐことができず、袖を破って手当てをしてもらった。麻酔もかけずに、腕を引っ張って関節を入れる手術がされた。わたしは痛さとショックで気を失ってしまった。ギプスをはめられ、三ヵ月ほど入院した。看護婦はいないので、衛生兵が看護してくれた。

病院には、けがをした兵隊や病気の兵隊が、毎日これでもかというほど運び込まれた。つぎつぎと手術や治療を受けていた。痛い、痛いといううなり声が、昼も夜も絶えなかった。暑いビルマでのことだ、部屋には、風呂に入れない若い兵隊の体臭と医薬品のにおいが充満する。

石膏ギプスの中も蒸れた。十日もすると垢がたまってかゆくなる。骨がつくまでギプスをとることはできない、と軍医はいった。二週間もするとウジ虫がわいてきた。ウジ虫がごそごそと動く。皮膚を食べるらしく、ちくちくと刺す。髪にもシラミがわいている。かゆくてたまらない。気持ちも悪い。

そろそろ三ヵ月が近づいたころ、わたしはついに医者に隠れてかみそりを持ち出し、自分で石膏を切ってしまった。中からウジ虫、ノミ、そして名を知らない虫がたくさんでてきた。皮膚はボロボロになっていた。

でも、腕の骨はつながっていた。

7 退却——プローム、そしてラングーン

始まった退却

退院して、トラックで慰安所に戻るとすぐに移動だった。

今度はプロームに「さがる」というのだった。日本は戦争に負けているのだなあ、と思った。でも、「負ける」というのは、口に出してはいけない言葉だった。プロームに着くと、慰安所にマツモトがいたので驚いた。マンダレーで働いた金を一円ももらってなかったので、「会えてよかった、ここでもらわなければ」と思った。マツモトは「朝鮮に帰るときに渡すのだから、心配するな」といった。

慰安所の名は「乙女」といった。

わたしたちがアキャブで危ない目にあっていたあいだ、マツモトはどこに逃げていたのだろう。きっと安全なラングーンかどこかにいたに違いない。わたしはいまもそのことを腹立たしく思っている。

ここはアキャブほどひどくはなかったが、空襲は何度かあった。もう、いつ、ど

ういう爆撃がくるかわからなかった。わたしたちは、いつでも逃げられるように荷物をひとつにまとめて準備していた。それでも慰安所の生活は、これまでと同じように続いた。

　プロームでは、わたしの噂を戦友から聞いたといって、遠くの第一線から、タテ師団の人ではない将校や下士官たちが何人もきてくれた。軍人たちは、どこの慰安所のだれがきれいで、サービスがいいか、というようなことを噂しているようだった。

「ここにヨシコさんがいるか。」

　そういってさがしてくるのだ。こういう人は切符を一枚だけではなく、三枚、四枚と買ってきてくれるので時間を長くでき、たくさんの人数を受けなくてもすみ、助かった。ありがたいことだと思ったし、得意な気持ちにもなったものだ。

　夕方までに兵隊や下士官を受ける。それも何人か一緒に、ただにぎやかに酒をのみながら話をしたり、うたったりするだけでいい人たちがきたりしたので、そんなときは体が楽だった。あとは夜、泊まりの将校を一人だけ受ければよいときもあった。

　切符が多くならないと困るのだった。一日に何枚になったかを黒板に白墨（チョーク）で書き込まなければならないから。毎日書き込んでいくと、グラフに一目瞭然に差がでてきた。マッモトはわたしたちを競争させていた。いま考えると恥ずかしいことだけれど、負けず嫌いのわたしはいつも一番だった。一番にならなければ気がすまなかった。

ペグーの涅槃像

楽しい思い出もひとつある。将校さんたちに連れられてジープに乗って、ペグーの涅槃《ねはん》像をみに行ったことだ。大きな大きな仏さまがごろりと横になって寝そべっていた。世界で一番大きな涅槃像だということだった。美しい顔のお釈迦さまだった。まわりにはきれいな花がたくさん供えてあった。ビルマの人がたくさん拝みにきていて、ていねいに礼拝していた。寺院のなかは広くて、涼しくて、とてもいい気持ちだった。ヤマダイチロウと大邱の母の無事を祈って帰ってきた。

プロームには二、三ヵ月だったか、わずかの期間しかいなかった。また危険が迫ったのだろう。移動命令がでた。命令は二、三日前にでることもあったが、たいていは突然、「明日の朝、移動だ」といわれることが多かった。

またトラックに乗って移動した。

こんど連れられていったのはラングーンだった。

ラングーンは大きくて美しい都会だ。木々の緑が深い。日差しがカッと強く、地面は熱く照り返して、立っていられないほどだった。西洋風の建物がたくさん建っていた。日本軍はラングーンに大きい司令部を置いていた。タテ師団だけでなく、たくさんの部隊があったと思う。軍人たちも多かった。やっと前線ではないところにきたから安全だ、と安心したものだった。

慰安所は大きなコンクリートの二階建てで、Lの字に建っていた。「ラングーン会館」といった。慰安婦は三十名以上いた。みんな朝鮮人だった。

ここの主人は、四十歳から四五歳くらいの民間人だった。大きな男で軍服を着ていた。わたしはこの人を日本人だと思うのだけれど、朝鮮語も日本語もうまくしゃべる人だったので、もしかしたら朝鮮人かもしれない。もう一人、その人の親戚らしい六十歳くらいのおとなしい男が主人を手伝っていた。マツモトは逃げだしたのだろう、もうここにはこなかった。

ビルマ人とインド人のクーリーの男女も三、四人いて、掃除や炊事をして働いていた。

ラングーンには、商売のためにきていた民間の朝鮮人がたくさんいた。民間人も慰安所にたくさん遊びにきた。ただしそれは、わたしたちを買いにくるのではなく、ただ世間話をしにきてくれるだけなのだ。若い娘たちが大勢いるので、時間つぶしにきていたのではないだろうか。みんな、軍や軍人を相手に商売する人たちだった。

銃弾や手榴弾など武器を売る人もあったし、食料品、衣類、日用品などを売る人もいた。軍はなんでも必要で、どんどん買うから、商人はたくさんの物資をトラックからおろしていた。軍が「これとこれを調達しろ」と命令すると、商人があちこち駆け回って調達したのではないかと思う。ビルマ人と組んで商売していた人もあった。だから、ラングーンには家族連れも多く、女性や子供もたくさんきていた。

ラングーンはこれまでに比べると自由だった。もちろん、まったく自由だということではないけれど、これまでよりはるかに自由に、週に一度か月に二度、許可をもらって外出することができた。人力車に乗って買物に行くのが楽しみだった。山の中を行軍したり、爆撃にあったりして、わたしたちの着ていたものは汚れたり、破れたりしていたので、なんといってもきれいな洋服が欲しかった。

ラングーンの市場

ラングーンの市場で買物したことは忘れられない。

大きなマーケットがあった。支那マーケットもあったし、朝鮮人やインド人の店もたくさんあった。マーケットではコーナーごとに食べ物屋、服地屋、仕立屋、履物屋というふうに、同じ物を扱う店がひとかたまりずつ並んでいた。いろいろな人種の人たちがにぎやかに集まってきていた。わたしはイギリス人がやっている洋服屋で服を買った。ハイカラな服だった。頼まれていた友達のものもたくさん買って帰った。二、三度行ったと思う。ヒトミと一緒に行ったり、ほかの友達と行ったこともあった。

服地を買ってきて自分たちで縫ったりもした。あのころ、わたしは人が着ているものをみれば、もうそれだけで同じデザインのものを縫えたのだった。新しいワンピースを着て、口紅をつけたら兵隊は驚き、「きれいだなあ」と喜んだ。

わたしはラングーンの市場をよく憶えている。もしも行くことがあったら、どこにどんな店があるか、いまでも案内できるほどだ。野菜や果物が、それぞれに山積みにされて売られている一角がなつかしい。ヒロコとツバメは、何度あたってもマンゴーを買って食べていた。生臭いのに、どうして食べたがるのか、わたしにはわけがわからない。

宝石店もあった。ビルマは宝石がたくさん出るところなので、ルビーや翡翠《ひすい》が安かった。友達の中には宝石をたくさん集めている人もいた。わたしも、一つくらい持っていたほうがいいかと思い、思いきってダイヤモンドを買った。

日本の活動や内地からきた歌舞伎を観に行ったこともあった。歌舞伎は衣装をたくさんつけて、男が女の役をしていたのが珍しかった。

わたしは、ここラングーンでもすぐに売れっ子になった。将校の数も前線には比べものにならないほど多かったので、宴会にたびたび呼ばれた。チップがもらえるのが楽しみで、わたしは喜んでうたいに行ったものだった。

アキャブで空襲から逃れるときになくしてしまった貯金通帳を、ある下士官にたのんで手続きしたら下関から送られてきた。元の金額がきちんと入っていた。あきらめかけていたのでとてもうれしかった。それで、手もとに貯まっていたチップの軍票をまとめて貯金した。わたしはだれにも負けないほど稼いでいたし、無駄遣いをしなかったので大金が貯まっていたのだ。お金を貯めることだけが生き甲斐だった。大邱に帰ったら、母に大きな家を買ってあげよう、商売も始めよう、と思っていた。

わたしが呼ばれたのは、日本人慰安婦ばかりがいる将校専用の慰安所で、そこは「将校以外は立入禁止」だった。

わたしが好きだった『博多夜舟』

わたしは、前にもまして持ち歌が増えていった。
わたしはそこで習った『博多夜舟』が好きだった。

逢いにきたかよ

松原越しによ
博多通いの　あれさ
夜舟の灯がみえる
灯がみえる

波も荒らかろ
玄海あたりよ
明けりゃあだ波　あれさ
浮名の波が立つ
波が立つ（ママ）

日ごろは威張っている将校も、酒をのむとふざけた歌が好きだった。

ツーツーレルレル　ツーレール
ツーレーラレツレ　ツレサン
ツレラレ　ツレサンザンヨ
困ったことした

かあちゃんに惚れて
とおちゃんがわかれば
困ります　困ります
ツーツーレルレル　ツーレール
ツーレーラレツレ　ツレサン
ツレラレ　ツレサンザンヨ　（ママ）

こういう歌もある。わたしはこれらの意味が全部わかった。

親子丼鉢や　落とせば割れる
サーユイユイ
娘十八　ヤレホニ　寝て割れる
マタハーレヌ　ツンダラカヌシャマヨー

石になりたや　風呂場の石に
サーユイユイ
なにをなめたり　ヤレホニ　眺めたり

マタハーレヌ　ツンダラカヌシャマヨー

墨になりたや　硯の墨に
サーユイユイ
すればするほど　ヤレホニ　濃ゆくなる
マタハーレヌ　ツンダラカヌシャマヨー　（ママ）

慰安所には、えらい人もときどききた。

師団長がくることもあった。師団長は車に乗ってくる。そうすると、外で「敬礼」という声がする。兵隊も下士官もみな、一、二、三、四、ザッ、ザッ、ザッ、ザッ、と足踏みをして敬礼する。

師団長は、ほんとうはおしのびできたのだから、威張らずに恥ずかしそうにしている。部屋の中で、わたしたちは「まあ、やかましい。またえらい人がきたんだわ」と思う。そんなとき、兵隊たちは小声で「くそったれ、師団長がきた。こんなところにこなくても、将校クラブにいけばいいのに」と悪口をいったものだ。

師団長が部屋に入っているあいだ、兵隊たちはその部屋には並ばない。スーちゃんがきても、ほかの部屋で酒をのみながら師団長がでるのを待っているほかなかった。

わたしたち同士は、互いのスーちゃんを知っていた。紹介してもらうこともあったけれど、そうでなくても、その兵隊がほかの女のところにいかないから自然にわかる。たとえばツバメの部屋に客がいるときに、ツバメのスーちゃんがきて待たなければならないとしたら、わたしの部屋で待たせてあげるのだ。廊下で待たないでいいように。酒でものませてあげながら、「もうすぐでるから、ちょっと待ちなさいね」といって。

日本に帰ったら妻がいる人をスーちゃんにした人もいた。好きになるのだから、それは仕方がないことだった。わたしたちは、スーちゃんの妻になろうとは思わなかった。わたしのスーちゃんはヤマダイチロウだったが、わたしはヤマダイチロウの妻になろうとは一度だって思ったことはない。あそこは慰安所だったのだから。

竹槍演習が始まった

慰安所で「竹槍演習」が始まった。「敵が攻めてくるかもしれないから」と、毎朝、主人がわたしたちを庭に整列させて訓練した。みんなで二メートルほどの竹槍を持って、主人が「ヤーッ」と号令をかけると、わたしたちも「ヤーッ」といって竹槍を突き出す。三十人ものわたしたちが整列して訓練する姿は相当なものだったらしい。ビルマ人が見物にきたりしたものだった。

そうこうしているうちに、ラングーンにも飛行機が飛んでくるようになった。前日に偵察機がくる。「明日爆撃をするから、市民はラングーンからできるだけ遠くに逃げるように」と書いたビラをたくさんまいていく。

翌日になると、何十機という爆撃機が三機編隊でつぎつぎに飛んできた。警報が鳴ると、わたしはいつも橋の下に逃げ、爆撃の様子をかならず眺めた。アキャブでの空襲でこりてから、防空壕にはどんなことがあっても入らなかった。耳をすまして飛行機の音を聞きながら、爆撃のこない方向に逃げるのだ。ツバメとヒフミが、「ねえさん、ひとりでいかないで。わたしも連れていって」とついてきた。

B29が飛んでくると、日本軍のほうは、十階ほどもある高い見張り台から「敵機は六時の方角より来襲。六時に向かって撃てー」「七時に向かって撃てー」と放送していた。敵機が落ちることもあったし、いくら撃っても当たらないこともあった。

ビルマ人の金持ちは、自分の家をそのままにしてどこかに逃げてしまっている。日本軍はそんな家を勝手に爆撃時の避難場所にしたものだった。わたしたちも下士官に先導されて、そういうところに逃げ込んだことがあった。家具や、タンスの中の衣類などもそのままに残っていた。美しいものがたくさんあった。下士官たちは軍刀などで木の床をコンコンとたたいて、床下に隠してある壺に入った宝石などの貴重品を見つけだしたものだった。

「おまえたちにもやろう」といわれたことがあった。わたしは、爆撃に何度も遭ったあとだったので、ダイヤモンドをみてもどんな宝石をみても、もう欲しいとは思わなかった。逃げるときには着のみ着のままで逃げるしかないし、わたしだっていつ死ぬかわからない。

空襲はもうこりごりだった。

同じ組の六人、つまりヒトミとキファ姉妹、ツバメ、ヒロコ、ヒフミ、そしてわたしで、なんとか故郷に帰る方法はないかと考えた。そのころになると、前線がどんどんさがってきていた。わたしたちにも危ないことはわかっていた。

客の軍医に相談した。「帰国するための証明書が欲しいのですが、手に入れることはできないでしょうか」と。そうしたら、わたしが肺病になったという診断書を書いてもらえることになった。軍医中尉と軍医少尉の二人が連名で、診断書に「咳をすると、ときどき血がでる」と書いてくれた。そして、「あんたがあんまり元気だと、偽の診断書だとばれて自分の首が飛ぶから、病人らしくしなさいよ」といわれた。

帰国許可が出た

二ヵ月ほどかかって帰国許可がでた。

証明書には赤い文字で書かれた日本語の下にビルマ語も書いてあった。

さあ、許可がでたらぐずぐずしてはいられない。すぐにタイを通ってサイゴンへ向かうことになった。船はサイゴンからでるのだそうだ。

あわただしく支那マーケットにいって買物した。ワニ皮のハンドバッグと靴をわたしのために買った。母のためにもなにか買ったはずだけれど、思いだせない。日本の兵隊が写してくれたたくさんの写真もカバンに入れた。わたしたちはそれぞれに大きな荷物を持っていた。友達と、主人と、兵隊たちに別れを告げた。

この旅の引率者は、タテ八四〇〇部隊の下士官ではなかった。マツモトと別れてからは、わたしたちを管理するのはタテ八四〇〇部隊ではなくなっていたのだろう。どういう名前の部隊かわからない。

ラングーンから汽車に乗ってモールメンへ。そこからもまた汽車を乗り継いでタイへいった。この旅はべつに空襲を受けることもなく、面白かった。列車は人と物を満載してのんびりと、ゆっくりと走っていった。そのゆっくりさといったら、ビルマ人の男たちが走っている列車から飛び降りて、線路わきで売っているバナナを大急ぎで買い、また飛び乗ってきても間に合うほどのものだった。

負傷した軍人がぎっしり乗っていた。タイにいけば戦闘がなく、ゆっくりと治療を受けることができるからだ。わたしたちは、兵隊たちとビルマでのいろいろな戦争の話に花を咲かせながら旅をした。

タイのバンコクに着くと、汽車を乗り換えてサイゴンに向かった。一行は傷病兵、慰安婦のわたしたち、民間人、そして引率の下士官たちだった。たくさんの人たちが朝鮮や日本に帰るためにサイゴンに向かっていた。途中、トラックにも乗ったと思うが、どこで乗ったのかわからない。

いよいよサイゴンに着いた。

サイゴンは大きな街で、西洋風だけれどラングーンとは少し違っていた。

ベトナムの女性はみんなきれいだった。とくに髪がきれいだった。真っ黒い髪をきれいに結いあげていた。肌の色も白い。体が細くて、背がすらりと高いので、脇に深いスリットの入った丈の長い上衣がよく似合った。支那服にも少し似ている服だった。ベトナム人のことをアンナン人というのだと思う。「ここはサイゴン小パリ、アンナン娘が……」とうたわれていたから。

港に着くと、大勢の人たちが出国しようとして集まっていた。

朝鮮や日本の民間人と日本の将校たちがそれぞれ五十人くらいずついたと思う。慰安婦もたくさんいた。税関手続きのために、荷物をたくさん持って何時間か、ずいぶん長く待たされた。そのとき、わたしは疲れていたのでうとうとと居眠りをしてしまった。

するとと、父が雲の上から現れた。「あっちへいけ、あっちへいけ」というふうに、さかんに手を振っている。アキャブで空襲にあったとき、父の幻はわたしの命を救ってくれた。わたしはすぐに目を覚まし、ツバメにそれを伝えた。

「死んだおとうさんが夢にでて、空から船に乗るなといっているから、わたしは朝鮮に帰るのをやめようとおもうのだけど。」

すると、ツバメがいった。

「わたしも今朝夢をみたの。かあさんが病気で血を吐いていた。不吉なことが起きそうだから、わたしも朝鮮に帰るのをやめる。」

ヒロコとキファとヒフミも、「それじゃ、わたしもやめる」と賛成した。

けれどヒトミは、妹のキファがわたしたちと一緒に行動するのを許さなかった。いまから考えると、そのときヒトミはスーちゃんの子供を妊娠していたから、もう慰安婦をするのがいやになっていて、一日も早く朝鮮に帰りたいと思っていたのだろう。ヒトミは断じて朝鮮へ帰ると言い張り、結局キファもそれに従った。

わたしとツバメとヒロコとヒフミの四人がそこから逃げることになった。

当時、わたしたちは住む所や行く所を自由に決めることはできなかった。だから、帰国の許可がおりたのなら、帰らなければならなくなっていた。それは命令なのだった。帰りたくないのなら逃げるしか方法はなかったのだ。

大きな荷物はそこに置きっぱなしにして、貯金通帳と現金だけが入ったバッグを持った。ヒトミとキファに別れをつげて、わたしたちは踵《きびす》を返した。

8　軍法会議

サイゴン

サイゴンにショーロンという街があって、そこには大きな歓楽街がある。キャバレーや裸ダンスをする小屋が立ち並んでいるところだ。わたしたちはそこをうろうろしていた。なんとかラングーンに戻る手立てをしなければならなかった。

カフェがあった。白人の男たちが二、三人で酒をのんでいる。わたしたち四人が朝鮮人なので珍しかったのか、あるいは日本人とみられたのか、笑顔で手招きしている。わたしが、「行ってみようよ」というと、ツバメとヒロコとヒフミは「言葉もわからないのに、行ってどうするの」という。「なにか食物をくれるかもしれないじゃないの」というと、「恐ろしいから行かないわ。ヨシコはほんとうに心臓が強くて、こわいもの知らずなんだから」と三人がいう。

わたしはひとりでそのテーブルに近づいていった。わたしがほほ笑みながら近づいていくと、男たちも笑って迎えてくれた。

これまでにのんだことのない上等な酒をご馳走してもらい、おいしい食事をおごってもらった。三人もわたしのいうとおりにすればよかったのに、こわがってこないものだから、食べ物にもありつけない。どこの国の人であろうと人間はみな同じだし、それに、相手がヤクザかどうかはみればわかることなのに、どうしてこわいことがあるものか。言葉はぜんぜんわからなかったけれど、その男たちはフランスの民間人だということがわかった。少しも悪い人じゃなかった。

日本の軍人が出入りしているキャバレーに入った。海軍のパイロットが数人いて、わたしたちを見つけた。「こっちにきなさい」といわれ、わたしが代表として話をしにいった。ツバメはまたこわがっている。ツバメは朝鮮に帰らなかったことを後悔しているのかもしれなかった。

「どうしてこんなところにいるの」と聞く。

「朝鮮に帰りたくないので、ラングーンにまた戻りたいのですが、証明書を書いてもらうには、どうすればいいでしょうか」と事情を話して、頼んでみた。

「自分たちにはできないけれど、司令部にいけば書いてもらえるだろう。そこを紹介してあげるから、しばらく遊んでいきなさい。」

パイロットたちはご馳走してくれたあと、わたしたちを宿舎に連れていった。

そのパイロットたちは位の高い人だったかもしれない。たしか、全部で五人いたと思うが、部隊の中にそれぞれに個室を持っていた。それは兵舎とは離れたところにあり、わたしたちが隠れて入ろうとしたら、「そんなにこそこそしなくてもいいから、堂々と入りなさい」といった。

当時、位の高い人は、家を一軒と「慰安婦の妻」をもって暮らしてもいいことになっていたから、そのパイロットたちは相当な地位の人だったかもしれない。

わたしたちはそこで二週間ばかり慰安させられてしまったのだった。証明書をだすよう頼んでもらうのと引き替えだったのだから、仕方がない。

おかげで証明書がもらえた。

それは雨季のことだったろう。わたしはサイゴンでレインコートを買ったのを憶えている。そのレインコートはフランス製で、緑色がとても鮮やかだった。わたしのいちばん好きな色は緑色。だから買わずにいられなかった。デザインはふつうの形だったが、燃えるような緑色が素敵だった。あの緑色はフランスの緑だ。

ワニ皮の揃いのハンドバッグとハイヒールに緑のレインコート。こんなおしゃれな格好でサイゴンの街を闊歩《かっぽ》した。だれがみたって、わたしを慰安婦だとは思わなかっただろう。いまも思いだしてはなつかしく、得意になってしまう。

ラングーンまでの帰り途は汽車の大旅行だった。

といっても、わたしたちが乗ったのは貨物列車だった。その鉄道線路に旅客列車はなかった。貨車には日本軍の物資が、きちんと荷造りされてぎっしりと積まれていた。三日間ほどかかったと思うが、途中、タイ人やビルマ人から襲われるのではないかとこわかった。

列車が停まるところにはかならず軍人が立っていたので大丈夫だった。軍人は、木の箱に握り飯と梅干しを持って待っている。証明書を見せるとそれをもらうことができたのを考えると、わたしたちのことは無線かなにかで軍人たちに連絡されていたのだろう。サンジャックとモールメンを通ったのを憶えているが、あとはどこを通ったのかわからない。

座席がなかったので、そのまま貨物を背もたれにして座ったり、横になったりしたので、着るものは汚れ、背中や腰が痛くなった。そうして、なんとか元気でラングーンに到着した。

ラングーン会館に着くと、みんなが驚いて、「どうして朝鮮に帰らなかったのか、どうやって戻ってきたのか」と尋ねた。みんなが喜んでくれたので、うれしかった。

自転車に乗る

また慰安所での生活が始まった。

すると、すぐにタテ師団の兵隊が「軍隊の秘密だけど教えてやろう」といって教えてくれた。ヒトミとキファが乗った船が、マニラの手前一時間のところで潜水艦にやられて沈んでしまった。たくさんの人が死んだけれど、助かった人もいるとのこと。

ああ、父が夢枕に現れたのはそのせいだったか、と思い当たったのだった。ヒトミとキファが助かったか死んでしまったか、その時点ではわからなかった。

ラングーンはやはり大きくて、きれいで、いい街だった。

軍人が自転車に乗ってやってきた。そして「ヨシコは乗れるか」と聞く。「乗れない」と答えると、「教えてやろう」という。よろこんで教えてもらうことにした。ツバメを誘ってみたが、「いやだ」というし、ほかのだれもやろうとしない。

さっそく会館の前の道路で、自転車乗りの練習がはじまった。

黒い色の、日本軍の自転車だった。軍人用のものなのでサドルが高い。足をのばすとやっとペダルに足が届いた。最初はサドルに乗ったまま、後から押してもらってペダルを踏むことを覚え、それから足を思い切って振りあげて、やっと自分ひとりで乗れるようになった。わたしは緑のレインコートを着て、ラングーンの街をスイスイと走った。女で自転車に乗っている人などだれもいなかったので、通りを歩く人たちはみんな、わたしを振り返ってみていた。

ラングーンの街に出かけることは楽しみだった。わたしは、ビルマ語と朝鮮語と日本語を使って話した。買物するくらいのことなら言葉で不自由することはなかった。

ビルマ人の女たちは、サイゴンでみたアンナン人と同じで、すらりと背が高くて、顔も美しかった。体にぴったりとあった衿なしの上衣をきて、同じ幅で筒になったスカートを腰のところでキュッと結んではいている。スカートの下にはなにも着けていないので、ビルマではぜったいにスカートを引っ張ってはいけないことになっている。女たちは、人前ではけっしてスカートの上端を結び直すことさえしない。それが身だしなみだということだった。

大きな祭りがあった。水をかけあう祭りだ。二日間続いたのではなかったろうか。一日目には、ラングーンの街で通りいっぱいの人々が互いに水をかけあっているのをみたし、翌日は汽車に乗っているとき、わたしも水をかけられた。

遠くの人には竹製の水鉄砲でシューッ、シューッとかけたし、近くの人には壺に入った水を手ですくってかけあっていた。軍人以外はだれもかれもずぶぬれになった。大通りも列車の中も水浸しだった。水をかけられると運がよくなるということだったので、わたしもよろこんでかけてもらった。ビルマ人たちは、大声で笑いながら幸福そうに水をかけあっていた。

ラングーンでの生活にもそれなりに慣れてきたが、母が恋しいのはどこにいても同じだった。母に宛てて手紙を書いて、軍人に投函を頼んだ。そうしたら、一ヵ月ほどして電報が続けて二通きた。

初めは「ハハキトクスグコイ」。つぎに「ハハシススグコイ」。

その電報を受け取ったときのうれしさといったら、もういい表せない。

母は、わたしが生きていることを知って、あわてて電報を打ったに違いなかった。どんなにわたしのことを思ってくれているだろう。きっと母は、危篤でも死んでもいないのに電報を打ってきたのだ。母は泣きながら電報を打っただろう。母の思いが伝わってきてありがたく、そしてつらかった。母が恋しかった。

軍法会議

そんなある日、わたしは人殺しをするという途方もない事件を起こしてしまった。相手は酔っ払いの兵長だった。日ごろから、酒を少しでものむとあばれてわたしたちを殴る男だった。

その日は勤務中だったのだろうか、なぜだかわからないけれど、刀を差していた。でも酔っ払っていたのだから、勤務中であるはずもない。その男は友達のスーちゃんだったのに、なぜかわたしのところにきた。なにか気に入らないことでもあったのか、先にきたお客がまだいるのに「早くしろ」とせかせる。「まだ時間がきていないのだから、帰ってもらうわけにはいきません」というと、「この朝鮮人、朝鮮ピーのくせになまいきだ」とののしってきた。そのうえ刀を抜いてわたしを脅した。わたしは負けずにはっきりといってやった。

「その刀は、天皇陛下さまからもらったものじゃないか。敵に向かって抜くべきものを、はるばるこんな遠くまであんたたちを慰安にきているわたしに向かって、なんで抜く。朝鮮ピー、朝鮮ピーといってばかにして。わたしたち朝鮮人は日本人じゃないか。そんなにばかにするなら、朝鮮を独立させる自信があるのか。」

「なにおー、この野郎、おまえはただの女じゃないな。」

その兵長はヤアーッ、とすごい血相をして切りつけてきた。わたしは夢中で体当たりした。男は刀を床に落とした。

わたしはそれを拾い、男に向かってまっすぐ突き出した。刀は男の胸を刺した。すぐにわたしは営倉に入れられた。

兵長は何日目かに病院で死んだ。

わたしが殺したのだ。それはどうしようもない事実だった。そうしなかったらわたしが殺されていた。どんなに考えてもわたしが悪かったとは思えない。でも、朝鮮人のわたしが日本の軍人を殺したのだ。ただですまされるはずはない。どうしよう、どうしたらいいのか、どんなに一生懸命考えても、なにも考えられなかった。営倉でただあれこれと堂々巡りを繰り返していた。

わたしは軍法会議にかけられることになった。

将校三人が裁判官だった。裁判は三回か四回、司令部で開かれた。友達や慰安所の主人が証人として出廷した。そして事件の一部始終を証言してくれた。司令部のまわりでは、慰安婦の友達や慰安所の台所で働いているビルマ人や朝鮮人の民間人が、「文原吉子は無罪だ。文原吉子の命を救え」とデモをしてくれた。

わたしは裁判のあいだじゅう、こんなふうに覚悟していた。たぶん死刑になることはないだろう。しかし、何年かの懲役は覚悟しておかなければならないだろう、と。

裁判官の将校にはありのままを一生懸命に話した。

「敵に向かって使うべき天皇陛下さまからもらった刀を、はるばる慰安にきたわたしに向けたのは兵隊さんの間違いです。」

そういったとき、裁判官が首を傾《かし》げた。顔つきがスーッと変わった。手応えがあった。

「これは助かったかもしれない」と直感した。

わたしは無罪になった。

正当防衛が認められたのだ。はじめは信じられなかったが、それがほんとうだとわかったときは、体の力が抜けて、膝ががくがくし、そこにくずれてしまいそうになってしまった。

友達はみんな泣いて喜んでくれた。

日本の軍人たちもいっていた。

「殴るくらいは仕方がないにしても、慰安婦に対して刀を抜くとはもってのほかだ」と。多くの日本人の軍人たちも喜んでくれた。わたしが無罪になったのは運がよかったから、としかいいようがない。父が守ってくれたのだと思っている。

そのころわたしは、「朝鮮人」「朝鮮ピー」という言葉をきくと過剰に反応していた。その言葉は大嫌いだった。わたしがベランダから突き落とされたり、軍人を殺してしまうという罪を犯したときには、いつもこの言葉で侮辱されたという状況があった。そのころは「日本人」がいちばん上等な人間で、「朝鮮人」というのは一段低い人間だと思い込んでいたので、そういわれると妙に腹立たしく、感情的になっていたのだ。いま考えるとどうということもない言葉なのに……。

軍人たちにしても、わたしたちをわけもなく軽蔑するときに、きまって「朝鮮」という言葉を使ったのはなぜだろう。多くの軍人たちは朝鮮人をばかにしていた。同じ日本人にも、ヤマダイチロウのように、「自分が朝鮮人になってもいいし、ヨシコが日本人になってもいい」といった人もいたのに……。

タイへの退却

このころになると、軍人たちは日本が戦争に負けることをうすうす知っていたのではなかろうか。こんな悲しい歌をうたっていた。この歌は勇ましいようだけれど、メロディが妙にうら悲しい。負けそうなことを知りながら、こんな歌をうたうのは悲しいことだ。

男あっぱれ
赤だすき　赤だすき
大和撫子　私らも
勝ってくるぞと
勇ましく　勇ましく
娘には　血の心いき
もんぺ姿の　勇ましさ　（ママ）

このラングーンもまた危なくなってきたのだろう。
「全員ラングーンから安全なタイ方面へさがれ」という命令がでた。
さがるというのは逃げるということだ。いくつかの組に分かれたが、わたしたちの組は十五名くらいいただろう。いつものようにあわただしい出発だった。

ラングーンから船がすぐに出発しなければならなくなり、わたしは、これからの旅に備えて大急ぎでバナナを買いにいこうとした。ところが、船と船着場をつなぐ板を渡ろうとしたとき、足が滑ってしまい、踏みはずして海（実際には河）に落ちてしまった。そこは渦巻く海で、水面と水底では流れの方向がちがっていた。あっというまに流された。立たなければと思い、手で水をたたいた。一度は浮かび上がることができたのだけれど、すぐに足をとられた。流されてしまった。

溺れて、もうほとんど死んでしまいそうになった。そのとき、わたしの目には海の水は黄色にみえていた。

その黄色い世界で、わたしは色とりどりの花をいっぱいに飾ったビルマの人力車に乗ってゆっくりと進んでいる。どこか楽しい、美しいところに遊びにいくところなのだ。すこしも苦しくはなかった。

と、目の前に父の顔が現れ、「あっちへ行け、あっちへ行け」という身振りをしている。「ああ、アボジ（おとうさん）」と手を伸ばすと、手になにか触るものがある。思わずつかむと、それは重りをつけた太いロープだった。ビルマ人がわたしに投げてくれたものだったらしい。わたしはかなり深く沈んでいた。ビルマ人たちの乗った小舟が三十隻もでて、わたしをさがし、引き上げてくれたのだそうだ。

腹を押されて水を吐かされているときに意識が戻った。

「死んでないよ。わたしは死んでないから、泣かないでいいよ」と小声でいった。みんなが口々に「助かった」「よく助かったものだ」「よかった」といっているのが聞こえた。友達は「アイゴー、ヨシコねえさんが生きていた、アイゴー」と泣いていた。

この海にはそれまでもたくさんの人が落ちたが、助からなかったことのほうが多かったのだそうだ。わたしはまた父に命を助けられたのだった。

もうだれもかれもわれ先に逃げようとしていた。

このときもわたしたちが船に乗ろうとすると、「自分たちを乗せずに、朝鮮ピーをなぜ先に乗せるのか」とわたしたちのことを罵った日本兵がいて、悔しい思いをした。

船や汽車を乗り継いでタイに逃れた。ぎっしりと、どの船もどの汽車も乗れるだけ乗った人でいっぱいだった。民間人も軍人もいた。このときは爆撃されることはなかったように思う。

やっとバンコクの、日本軍が集結している倉庫のような建物に着いた。あふれるような人だった。すぐにわたしたち慰安婦だけが呼び集められた。そして、字を読んだり書いたりさせられ、それからいろいろなことを質問された。たぶんそれは口頭試問だったのだ。合格した七人の友達とわたしの八人に、アユタヤへ行けという命令がでた。ラングーン会館で一緒にいたヒロコ、ツバメ、ヒフミ、ユキコ、ミヨコなどが一緒だ。トラックに乗せられた。

アユタヤに着くと、そこは陸軍病院。なんと、わたしたちに看護婦になれというのだった。

9　解放、母のもとへ

看護婦教育の始まり

次の日から一日に二時間ずつ、看護婦教育が始まった。軍医が担架の運び方、脈のとり方、体温の測り方、包帯の巻き方、注射の打ち方、血止めの方法などを教えた。看護婦の制服も支給された。

教育と同時に実践だった。

わたしたちの受け持ちはマラリヤ、デング熱、皮膚病、そして結核の患者。

朝、まず病院の敷地内にある宿舎から三十分ほど歩いて結核病棟に行く。そこは結核患者がいるから隔離されているのだけれど、別棟には、爆弾のために頭がどうにかなってしまった人も入れられていた。熱をはかって、軍医の命令どおりに薬をのませるのが、わたしたちの仕事だった。

それから歩いて病院に戻る。将校病棟、下士官病棟、兵隊病棟というように分かれていた。もともと病院だったらしく、広大だった。マラリヤの患者がいちばん多かった。毎日トラックにいっぱいの患者が熱にうなされながら乗せられてきた。けがをした兵隊も同じようにいっぱいだったけれど、マラリヤのほうが多かったのではなかろうか。デング熱の患者と同じ病棟だった。体温が四二度、四三度にも上がり、熱にうかされてうわごとをいって泣く。ひどい人は「たすけてくれー、たすけてくれー」と叫んでいた。軍医がわたしたちにつぎつぎと指示を出す。走って氷を持っていく。薬を持っていく。そして注射をした。

マラリヤ患者には「パックノン」を注射し、「キニーネ」を服ませた。注射は、お尻の中心部、背骨から指三本ほど外側に打てと教えられた。注射をするのは、最初はこわくて手がふるえ、針を刺すことができなかったが、つぎからつぎにやってくる患者をみると、ちゅうちょなどしてはいられない。あっというまに注射を打つのもうまくなった。みんな、栄養失調でやせていた。

できものができた人には一週間に一度、消毒してペニシリンを塗ったり注射したりした。大きなマスクをして作業した。まずアルコールでふいて、そのあと泡のでる薬で消毒をする。清潔にしてあげれば治るのも速いだろうと思ったし、それに、わたしは本当の看護婦ではないのだから、ていねいにしなければと思って、なんども消毒したものだった。

戦場で、暑い気候のなかを何日も風呂に入ることができないうえに、銃や荷物を担いで山の中のジャングルを逃げ回るのだから、軍服も不潔になり、皮膚病になるのも当たり前だ。性病患者や性器まわりが水虫になっている軍人も多かった。淋病には「スルハミン」「テラマイシン」を塗ったりのませたりし、梅毒には「六〇六号」を注射した。

毎日目のまわるような忙しさだったが、看護婦の仕事はやりがいがあった。わたしたちは一生懸命看護した。ここに一年いればきっと十年以上看護婦をしたのと同じくらいの技術が身についたに違いない。わたしも看護するのがずいぶんじょうずになった。

そのうえ、布とミシンと、作り方の載っている本をもってきて看護服まで作れといってくる。わたしが一手に引き受けて八人分を作った。仕事が終わったあとや、看護の途中の寸暇を惜しんでの作業だった。

患者のなかにはもちろん朝鮮人兵士もいた。㋚の部隊で日本名をアライトクイチという兵隊はデング熱で、四三度も熱を出していた。特別に氷をもらって冷やしてやったし、別の軽症患者のパックノンをこちらに持ってきて注射してやった。アライトクイチは命をとりとめ、わたしのことを「命の恩人」だといっていた。

将校病棟の患者の中には、病気ではないのではないかと思われるような元気な人もいた。危険な前線にいくのがいやで、仮病をつかっているずるい人たちだ。将校には薬も兵隊よりたくさん出ている。わたしは自分でこっそり、それらの注射や薬を兵隊病棟の重症患者にまわしてやった。ものもいえず、食べ物も食べられないで苦しんでいる瀕死の兵隊がたくさんいるのだから。

それはある軍医にばれてしまったが、その軍医は黙認してくれた。薬も、頭を冷やす氷も、しだいに足りなくなっていった。

病院で使う水は、ドラム缶にヤシの葉をたくさん入れ、上から泥水を注いで漉《こ》したものだった。漉すと水はきれいに澄んでいく。それを沸かして飲料水などに使っていた。

週に一度休みがあった。

わたしが班長だったので、「フミハラヨシコ以下五名外出します」と帳面に書いて、大きな馬車に乗って外出した。タイは治安が悪く一人では外出できなかった。泥棒もいるし、わたしたちをねらう強盗もいると聞いた。活動写真をみたり、食堂にいって酒をのんだり、病気の将校さんから頼まれた買物などをして忙しかった。六時までに帰らなければならないのだったけれど、何度も遅刻した。規則を破ると懲罰がある。

そのたびに、言い訳をするのはわたしの役目だった。

「台湾人のヤンチャ（人力車）に乗っていたら、どこか遠くに連れていかれてしまいました。やっとの思いで帰ってきたわたしたちを罰するのは、いくら軍隊でもひどいと思います。どうぞ許してください。」

そんなふうにいうと、当番の兵隊は笑いながら許してくれたものだった。わたしたちの服のポケットに隠して持ち帰った酒のビンが入っていたのを知らずに。

また、だれかの誕生日がくると、鶏肉のてんぷらや山芋をすりおろして焼いた団子などの特別料理が出た。それでわたしたちも一計を案じ、おいしいものが食べたいときにはだれかの誕生日だということにして、わたしたちの係をしていた軍曹に申し出る。もちろん、それもわたしの役目だ。

「今日はミヨコの誕生日です。特別献立をお願いします。」

「誕生日がよく続くね。フミハラさんは、自分が食べたいからそういってくるのではなくて、ほかの人に食べさせたいから、そういうのだろ。いいよ、誕生日の献立をたのんであげよう。」

話のわかる軍曹だった。軍曹は二、三度融通をきかしてくれ、食事係に酒を一、二本つけるようにと頼んでくれたりする。タイは爆撃されなかったためか、こんなふうに余裕があった。

アユタヤの病院にいたときには、母に送金もした。

ラングーンで受け取っていた母からの電報を将校にみせて、「母の葬式に金がいるから、お金を送りたい」というと、許可がでた。貯金からおろして五千円を送金した。係の兵隊にたのむと、「貯金があるのなら、ぜんぶ送ったほうがいい」といった。わたしは、「あとのお金は、朝鮮に帰ってからおろすからいいです」と答えて送らなかった。届くかどうか心配だったし、せっかく貯めた貯金がなくなるのも心細かった。

病院には、日赤の看護婦が二七、八名いた。

わたしは本職の看護婦にまけなかった。病棟にはあふれるほど患者がいる。一人ずつ熱を計り、脈をとり、それを記録するのは、難しい仕事ではなかったが、とても時間がかかるものだった。やらなければならないことがつぎからつぎへとあるのに、このような単純なことに時間がとられるのはもったいない。

いい考えが浮かんだ。

自分で金を出して、町の食堂の朝鮮人の主人に、「ありったけの体温計を買ってきてください」とたのんだ。主人はさらにタイ人にたのんで町中をさがして買ってきた。十本ほどあったろう。

それらを患者さんたちにいっせいに配った。そして、体温計を腋《わき》の下にいれた患者たちに、わたしが「いち、にい、さん」とかけ声をかけて、自分で脈を計ってもらうことにした。それから順番に名前を呼んで体温と脈拍数を報告してもらうようにしたのだった。それを何度か繰り返せば、効率よく終わることができる。

何日間かするうちに、またふと気づいた。体温と脈拍数には相関関係がある。熱が三十八度なら脈は百二十くらい、熱が四十度なら脈は百三十九くらい、というふうに。体温だけ報告してもらうと、わたしはもう脈拍数をどんどん自動的に書き込むようにしていた。日赤の看護婦が三時、四時ごろまでかかることを、わたしは午前中に終わるようになっていた。軍医は「フミハラさんはもうすんだの」という。「一生懸命やりましたから」というと、「えらいねえ」といってくれる。そしてわたしのやり方を聞いて、「賢い人だなあ。自分は気づかなかった」といった。

それらを記録する帳面には、兵士の名前が難しい漢字で書いてあった。わたしには難しい漢字を読むことができない。それで、帳面のとじ代のかくれたかげに、カタカナでよびかたを小さく書いて、そしらぬ顔をして名前を呼んだ。日赤の看護婦に字を読めないことをぜったいに知られたくなかったからだ。

殴り込みをかける

その日赤の看護婦たちのことも忘れられない。看護婦たちはわたしたちのことを慰安婦だと知っていた。そしてわざと無視していた。思い出してみると、バンコクからこの病院に連れてこられた最初の日から、看護婦たちは、わたしたちが汚れたり破れたりした簡単服を身につけて、乞食のようになっているのをみて軽蔑して笑っていた。わたしはそれを見逃していなかった。

あからさまに意地悪をする婦長がいた。二、三歳年上の看護婦だった。わたしたちの名前を呼べばいいのに、「あの顔の丸い朝鮮人が」とか「顔の長い朝鮮ピーが」というように、わたしたちのことをかげで話している。仕事をきちんとしているのに、なぜ軽蔑しなければならないのか、いい方も下品だ、とわたしの腹は煮えくり返っていた。いつもわたしたちのほうが忙しく仕事をし、ごはんを食べる暇もないくらいだったのに、そんなことをいわれる筋合いはない。

理不尽に意地悪をする人間を、わたしはそのままにはしない。ついにある晩、意を決して、酒をのんで勢いをつけ、看護婦の詰所に殴り込みをかけた。

「わたしにはフミハラヨシコという名前があるのに、なぜフミハラさんと名前を呼んでくれないですか。ここにまできて、あんたたちに朝鮮ピーとばかにされる理由はない」といって飛びかかり、力いっぱい殴りつけた。そして髪の毛を引っ張って引きずりまわしてやった。「やめなさいよ、そんなこと」といって看護婦二人が止めにきたので、その二人もなぐってやった。わたしは若いときは男の兵隊よりも力が強いくらいに元気だったから、看護婦たちは痛かったろう。怒っていたので、本気で殴ったのだから、なおさらだ。

それからは、看護婦たちはけっしてわたしたちをばかにしなくなった。

このことはもちろん問題になった。わたしたちの係の軍曹が「どうしてやったか」と聞く。「わたしたちは朝鮮からはるばる千里も二千里も離れたこんなに遠いところまできて、第一線で兵隊さんたちを慰安してきました。それなのに、朝鮮ピー、朝鮮ピーとばかにされたら、わたしたちが悲しいか、悲しくないか、考えてみてください」と、わたしは訴えた。軍曹は「そうだったかね」といって、それを軍医将校に報告した。軍医も「そうか、フミハラがやったか」と同情してくれたので、とがめられることはなかった。わたしがこつこつとよく働いていたのを知っていたからだ。

日本の敗戦

病院にきて三、四ヵ月たったころ、病院中がなにかおかしくなった。日本人が泣いていたり、ボーッと放心していたりする。次の日もまた同じようだった。あちこちで将校たちが切腹して死んだという噂も飛んでいる。いったいどうしたのかと聞いてみると、「日本は戦争に負けた」という。

そのときは「へえ、そうだったのか」とだけ思った。わたしが日本の敗戦を知ったのは、八月十五日より二、三日あとだった。三、四日たつと放送が聞えてきた。

「チョーソンサラン、チョーソヌロ、キリーボチュナセ（朝鮮人の朝鮮よ、永遠に）」

という朝鮮語の歌に続いて、朝鮮語放送が流れてきた。

こちらは南京です。朝鮮のみなさん、日本は無条件降伏し、わが国は独立しました。みなさん、体に気をつけて希望をもってすごしてください。来年には家族の待つ祖国に帰れるはずです。どうか、体に気をつけておすごしください。

南京や北京、上海など中国のあちこちから朝鮮語の放送が流れてくるのだった。朝鮮語が堂々と放送されている。アナウンサーが泣きながら呼びかけている。このときはじめて朝鮮が独立したのだということが理解できた。体の奥から湧き出てくるような喜びに、わたしは声をあげて泣いたのだった。まわりの朝鮮人はみんな泣いて、バンザイ、バンザイといっていた。一九四五年八月十五日は、わたしたちにとって「解放」の日ということになった。

ただ、わたしたちの国が独立したといっても、まだ話だけだ。それが具体的にはどんなものかわからない。わたしが生まれたときには、朝鮮はすでに日本の植民地だったのだから。

「自分たちは無条件降伏だ。あんたたちは朝鮮に帰れるからうれしいだろうなあ。

喜んだらいいよ。日本はあと十年だ」と兵隊がいう。この「日本はあと十年だ」という言葉を、その兵隊がどういう意味でいったのか知らない。しかし妙に心に残って、いまだに忘れられない。これはどういう意味だったのだろう。復興するまでに十年かかる、ということだったのだろうか。

近くにあった捕虜収容所では、ほんの少し前まで褌《ふんどし》ひとつだけを身につけて、収容所で水をバケツリレーしていたイギリス人の捕虜たちが、日本軍に取り上げられていた軍服を取り戻し、帽子には階級を示すマークをつけて正装している。そして、こんどは大きな態度で日本の軍人たちに命令している。日本人は頭を垂れて、それに従っている。

世の中は、ひっくり返った

世の中というものは、ひっくり返ることがあるのだ。ある日突然立場が逆転すると、こんなふうに人間の関係も変わってしまう。それがわたしには悲しかった。それまで「日本は世界でいちばん強いのだ。日本人はいちばん上等な人間なのだ」といっていた軍人たちが、国が負けたら小さくなってしまっている。情けなかろう、と思うとまた泣けてきた。

そのときのわたしは、まだ日本人の心をもっていたのかもしれない。

そういうなかで、位の低い兵隊は死なないけれど、中尉や大尉などえらい将校が何人も自殺していった。「また中尉が割腹自殺した」などという話を何度も聞いた。

そうこうしているうちに、わたしたち朝鮮人はある学校に集合させられた。千名くらいいたのではないだろうか。たくさんの朝鮮人がいた。男のほうが女より少し多かった。ここで帰国を待つことになった。軍人、軍属、民間人など老若男女が集まった。家族連れもおり、子供もいた。慰安婦は六、七十人いたと思う。

男女は分けられ、規律を守るためだといって、夫婦以外は親しく口をきいてもいけないなどといわれた。朝鮮の男でタイ人の女と一緒になっていた人がいたが、面会もできず、タイ人の女が泣いていた。

男女で分けられたあと、京城の人、大邱の人、全羅道の人という具合に出身地別にも分けられた。

寝具があるわけでもなく、木の床に寝た。その学校には机や椅子はなかった。食事は、どこからきたのか知らないけれど、木箱にごはんが入っていたのが届いた。おかずは漬物だけだった。漬物もなくて塩だけのときもあった。ひもじい思いは戦争が終わったあとも同じだった。聞くところによると、朝鮮はもう独立したのだから、わたしたち日本軍とはまったくの別行動をとったのだそうで、そのせいで食べるものも満足になかったのだそうだ。日本人たちの収容所では、まえもって軍が確保していた食物が、充分にではないにせよ、飢えない程度にはあったのだそうだ。

爆撃がなくなったのがなによりだった。ただ、ただ、帰国の日がくるのを待った。七、八ヵ月はそこにいたように思う。

洗濯の時間が十二時からと決まっていたほかはなんの仕事もなく、もてあますほどに時間があった。男たちはタイの男たちと野球やサッカーをして遊んでいた。試合をすると朝鮮人がかならず勝った。退屈を紛らすために演芸会もした。時間をもてあましたことは、つぎからつぎへと兵士たちを受けなければならず、いつも時間に追われるようだった戦争中とは決定的に違っていた。何もすることのない毎日が過ぎていった。

男たちといえば、それまで日本に対して抵抗してきた男たちと、日本軍の手先となっていた男たちのあいだでけんかが始まった。大声でののしりあうだけでなく、殴り合いの乱闘もあった。ときには殺傷ざたにさえなることもあったので、怖かった。ここでもこれまでの関係が逆転して、これまで小さくなっていた人が威張り始めていた。

わたしたち慰安婦はなんとなく白い目でみられていた。あからさまにではなかったけれど……。

もちろん、日本人の朝鮮人に対する態度は変わっていった。日本人たちも別の学校に収容されていたが、突然に朝鮮人に対しておどおどするようになっていた。わたしたちをわけもなく軽蔑するような言葉を吐く人はもういなくなっていた。

そこで知り合った少し歳をとった日本の軍人が「いっしょにのもう」と、酒を一本もってきた。

「あんたたちも苦労したね、こんなに遠いところにまできて。でも元気で国に帰れることになってよかった。ふるさとに帰ったら親孝行をして、幸せにくらしなさいよ。ここにきて苦労したことはもうすっかり忘れて、人になんといわれても心を痛めることはない」といってくれた。その人はわたしたちのことをかわいそうだ、と泣いてくれた。わたしたちも泣いた。

帰国

いよいよ帰国の日が近づいたらしい。

だれもかれも騒然として、帰国の準備をはじめていた。

「荷物はなにも持って帰ることはできない。船に持ち込むと没収されるぞ」といわれた。しかし、これはまことしやかに流された噂だった。わたしは、もっていたワニ皮のハンドバッグもダイヤモンドもみんな売り飛ばして酒をのんでしまった。慰安所やアユタヤの病院で軍人たちから写してもらった写真がたくさんあったのに、ぜんぶ焼いてしまった。看護婦の制服を着て写った写真も焼いてしまって惜しいことをした。

引揚船に乗るとすぐにそれがデマだったことがわかった。たくさんの荷物を担いで帰っている人もいる。悔しくて地団駄を踏んだが、あとの祭りだった。わたしの荷物はハンドバッグひとつだった。

帰国船の中で男たちはけんかばかりしていた。これまで押さえつけられていたなにかが爆発したのかもしれなかった。

帰りの航海は往きに比べて短かかった。

すぐに船は仁川に着いた。ヒロコ、ツバメ、ヒフミも一緒に帰ってきた。

上陸する直前、係の人がやってきてＤＤＴを体中に振りかけられた。消毒だ。たくさんの人たちが、バンザイ、バンザイ、と出迎えてくれた。仁川の港は賑やかだった。わたしたちには一人に千円ずつの金が支給された。

四年ぶりの祖国だった。

港でなにか食べたはずだけれど、なにを食べたのか憶えていない。

船はつぎに釜山にまわるということだったので、大邱や釜山や光州のグループはまた乗船した。そして釜山で上陸した。釜山の港はどうだったか、その様子もはっきり憶えていない。

いよいよ汽車に乗って大邱に向かう。

大邱駅から母の待つ家まで歩いて帰ったはずだけれど、これも憶えていない。走ってしまったのかもしれない。

わが家に着くと、前のとおり兄の表札がでていた。それを確かめてから門を入る。家ももとのとおりだ。懐かしくて縁側に腰掛けてあたりを眺めていた。なにかももとのとおりだ。

母が玄関先にでてきた。

わたしは立ち上がった。

「ただいま帰りました」というと、母はけげんな顔をして家の中にスッと入ってしまった。そしてすぐにこんどは兄と一緒にでてきた。

「あんたはだれか」と聞く。

「オンマー（かあさん）、オクチュです。ただいま帰りました。」

もう一度いうと、母は「ウソだ」という。そして「おかしいなー」といった。それからわたしをまっすぐに、頭の上から足先までしっかりとみた。

そのときのわたしの格好は、簡単服に靴をはき、ハンドバックを持っていた。

母は「おまえはオクチュか」といった。

あとは、もう泣いて、泣いて……。

解説

森川万智子

1　ムン・オクチュさんの戦後

大邱へ

数々の修羅場をくぐり抜け、ムン・オクチュさんは故郷の大邱に帰ってきた。

それは、一九四六年の春から夏のことだと思われる。「七、八ヵ月は収容所に入れられていた」と彼女がいっているのと、バンコクから日本各地への引き揚げが四六年五月から八月にかけて行われているので、このように推測するのだ。

「終戦後はテロ行為や強盗事件が頻発し治安が悪化したので、一般邦人は英印軍第七師団長の指令により、昭和二十年九月十三日から逐次バンコク北方三十キロのバングァトンに集結し共同生活をした」と『引揚げと援護三十年の歩み』（厚生省）にある。韓国への引き揚げ記録は、厚生省にはない。

「ビルマでなにをしていたか」ときく家族に対して、彼女は、「こうして元気に帰ってきたのだから、いいじゃないの」といって、どんな仕事をしてきたかをけっして語ることはなかった。母親をはじめ家族は、いくら待っても帰ってこない彼女をもう死んだものとあきらめていたのだという。

兄はタイから送金した五千円の金を受け取っていた。しかし、兄は、ムン・オクチュさんが帰国したときには、その大金をすでに使い果してしまっていた。ムン・オクチュさんは、軍事郵便

文玉珠さん（40 歳のころ）

貯金の通帳を大切にもっていたが、日本が敗戦してしまっていたのでもう支払われることはあるまいと、あきらめてしまう。

「アユタヤで母に送金したとき、貯金があるならぜんぶおろして国に送ったほうがいいよ、と勧めてくれたあの軍人は、日本が負けることを知っていたでしょうね。いわれたとおり送っておけばよかった」と、彼女は悔しがる。

大邱館で一緒に働いた「友達」の消息は次のとおりだ。

まず、サイゴンで別れ、帰国船に乗ったヒトミとキファの姉妹からはじめよう。ムン・オクチュさんとこの二人とは、小さいときから近所に住み、東安省でもビルマでもつねに一緒に行動した「友達」だ。

本文にもあるとおり、ムン・オクチュさんは終戦直前のラングーンで、軍人から「軍の機密だけど教えよう。あんたが乗る予定だった帰国船は、マニラの手前一時間のところでアメリカ軍の潜水艦にやられた」と聞かされている。やっとの思いで姉妹が乗った帰国船は、アメリカ軍の攻撃を受け、妹のキファは死んでしまった。

姉のヒトミは救出され、そこから乗り換えた船が日本の下関港に着く。下関郵便局にいって軍事郵便貯金をおろし、それを持って無事大邱に帰ってきた。ヒトミも貯金していたのだった。そしてヒトミは日本兵の子供を出産している。ムン・オクチュさんが帰国すると、男の子を抱いて会いにきた。「スーちゃんの子供だから、ヒトミは大切に育てていたよ」とムン・オクチュさんはいう。一九九五年夏現在、ヒトミは健在だそうだが、成長した息子の立場もあるので名乗りをあげてはいない。

軍事郵便貯金の支払いを求める

ムン・オクチュさんは九二年三月に来日して、下関郵便局に対して軍事郵便貯金の支払いを請求した。それは、ヒトミの経緯をムン・オクチュさんが聞いていたからだった。

ここで軍事郵便貯金について触れておこう。

ムン・オクチュさんがビルマで貯めた貯金の原簿は、郵政省の熊本貯金事務センターに保管されている。それによると、彼女の貯金は元金が二万五二四五円、日韓条約締結の一九六五年四月現在の元利合計は五万一〇八円になっている。この郵便貯金について、日本政府は、「財産及び請求権に関する問題の解決並びに経済協力に関する大韓民国との間の協定」(一九六五年条約第二七号)と「財産及び請求権に関する問題の解決並びに経済協力に関する日本国と大韓民国との間の協定第二条の実施に伴う大韓民国等の財産権に対する措置に関する法律」(一九六五年法律第一四四号)によって権利が消滅しているので支払わない、と答えている。

しかし日本政府は、いわゆる二国間条約で財産権に関する特別取り決めがなされていない場合には、「郵便貯金は確定債務と認識しているので、法的に支払う義務はある」という立場をとっている。つまり、二国間条約を結んだ韓国以外の国の人には貯金、生命保険、未払い賃金などの「債務」を支払う、ということだ。

韓国では、韓日条約に基づく「対日請求権申告法および補償法」という法律が制定された。これは、貯金通帳などの有価証券や不動産の登記簿などを持っていれば、一九七五年七月一日から二年間に限って貯金などの支払いを受けることができる、というものだ。しかし、彼女はこの法律の内容を知らなかったし、たとえ知っていたとしても、この法律が施行されたときにはすでに通帳をなくしていたので、支払いを受けることは不可能だった。

なお、台湾への確定債務については、戦後五十年が経ってやっと、一九九五年度予算に三八〇億円が計上されている。

話を元へ戻そう。

どこにいくのも一緒だったツバメ、ヒロコ、ヒフミも無事大邱に帰ってくることができた。「何年間かはときどき会っていたが、ここ二十、三十年は会わないですよ」ということなので、彼女たちは韓国内でひっそりと生きていることだろう。

東安省で一緒だったカナリヤとは、ムン・オクチュさんが三十歳代のときに、釜山の松島《ソンド》で同じ料理屋でともにキーセンとして働いたことがあった。ムン・オクチュさんは松島で一緒に写した写真を持っている。

アユタヤの病院にデング熱で入院していたアライトクイチも無事に韓国に帰ることができていた。ムン・オクチュさんは彼を訪ねていったことがあるそうだ。

「帰国してすぐのころ、お礼をしたいという招待状がきて、全羅南道にいったことがあります。これ以上の山奥はないというほどの山奥でね、両親をはじめ、親戚全員が歓迎してくれました。息子の命の恩人です。家も建ててあげるからここで暮らしませんか、といってくれたけど、もちろん断って帰ってきましたよ」

その後、ムン・オクチュさんは戦争の後遺症に悩むことになる。二、三年間は爆弾が落ちる夢をみることがよくあって、「空襲だ！」と叫んで家の外に飛び出すことがあり、裸足で走りでたために足をけがしたこともあった。また、肉や魚を焼くにおいを嗅ぐと、そのたびにアキミの死体をガソリンをかけて焼いたときの記憶がよみがえってきて、もうそれだけで焼肉を食べたくなくなった。いっしょにあのときの悲しみがよみがえってきたのだ。九一年十二月に「慰安婦」の名乗りをあげてはじめての聞き取りに応じたとき、彼女は、「人間は何年も寝なくても死なないものですね」と、不眠を訴えているし、いまも夜通し泣き明かすことがある。

そんな後遺症にもかかわらず、ムン・オクチュさんは家族を支えて再び働かなければならなかった。タルソン検番にいって、またキーセンとして働くようになる。

そして、一人の男性と出会うのだ。

四六年末、ビルマのラングーンで日本軍相手にいわゆる御用商人をしていたキム・ヨンホン（仮名）と再会する。そして、意気投合して所帯をもつことになる。彼は六歳年上。ビルマに愛人を連れていっていたため、それを許すことができなかった妻に去られていた。愛人は一人子供を産んでいたが、朝鮮に帰国してからは、妻の子供二人を育てるのはいやだと、これまた去ってしまっていた。ムン・オクチュさんは二十二歳で、六歳の女児、五歳の男児、一歳の女児という、なさぬ仲の三人の子供を育てなければならなくなってしまう。

正式な結婚ではなかったが、その生活は十一年間続く。

キム・ヨンホンとの間で彼女は妊娠しなかった。不妊症になっていたのだ。

「わたしはよほど体が丈夫だったのか、トアンショウでも、ビルマでも、慰安婦時代には一度も病気になったことはないですよ。一生懸命洗浄したから、性病にかかることもなかったし……」という彼女だったが、健康な彼女にしてこうだった。不妊症も元「慰安婦」に多い後遺症のひとつだ。

幸せなひととき

キム・ヨンホンは軍相手の商売のうまみを知っていたのだろう。妹の夫と組んで鉄工所を経営し、そこで手榴弾を製造しはじめていた。韓国内は、「解放」を迎えても平和な社会がもどったわけではなかった。米ソ冷戦時代のはじまりとともに、一触即発の状況にあった。

「そのときのわたしは生涯でいちばん幸せだったかも知れません。自分でもいい母親になろうと思って一生懸命だったんですよ。子供たちの食べるものも、着るものも、なんでも自分で作って……。子供のセーターくらいなら、一晩で編んだものです。

キム・ヨンホンは、もちろんわたしが慰安婦だったことを知っていました。だって、ビルマにいくときにも同じ船だったんですよ。彼はおとなしくて、あたまのいい人でした。旧制中学を出ていたので、日本語や中国語を自由に読み書きでき、軍に頼まれては、食料品から衣料品までなんでも調達して納めるのが仕事でね。ときどきラングーン会館に世間話をしにきていました。

キム・ヨンホンはわたしを信頼してくれました。だれにでも紹介してくれ、正式な妻として扱ってくれました。

彼の家族は、わたしのビルマ時代の噂をどこからか聞いていたようでした。だけど、彼らがそのことについてわたしをとがめようとすると、彼がすぐに厳しい態度で止めてくれていたので、わたしはいやな思いをしても、我慢することができました。

激しい喧嘩もよくしたけど、キム・ヨンホンは一度だって慰安婦をしていたことをもちだしてののしるようなことはなかった。幸福な毎日でした。」

なつかしそうにムン・オクチュさんが語るそれらの日々にも、彼女には自分の家族の面倒をみるという大きな仕事があった。

ときどき、十日間あるいは二週間という期間、大邱市内や釜山の松島の料理屋に働きにいっていたというのだ。カナリヤに出会ったのもそんなときだった。

やがて朝鮮戦争がはじまる。朝鮮半島に一二六万人の死者と、一千万人の離散家族を残した戦争である。

キム・ヨンホンの工場は軍需工場なので、商売は順調すぎるほどに繁盛する。工場を大きくし、たくさんの人を雇った。

大邱も爆撃を受けるが、ムン・オクチュさんにはアキャブやラングーンでの経験があるので、空襲があってもけっして大邱を離れず、平然としていた。それより、戦争が終わればすぐに逃げた人たちが戻ってくるのだからと、持ち金をはたいて米、食油、醤油、塩などを買い、戦争が一段落して人々が町に帰ってきたとき、それらを売って金もうけをしたという。キム・ヨンホンを助け、子供たちを育て、さらに自分の家族を支えて、ムン・オクチュさんは働きに働く。

「わたしが検番から呼ばれて、一ヵ月も家を空けたときでも、キム・ヨンホンはあれこれいわなかった。わたしは若かったから、とにかく夢中で働いていました。」

幸せは永遠には続くわけではなかった。彼女は裏切られる。キム・ヨンホンには新しい愛人ができていた。ムン・オクチュさんは怒って実家に戻ってしまう。

朝鮮戦争が終わって景気が悪くなり、鉄工所が経営困難におちいったころのことだった。キム・ヨンホンは、ある政治家に政治資金を用立てたりして多額の借金を背負う。その政治家は落選してしまう。そして、キム・ヨンホンは子供たちを残して自殺してしまったのだった。

ムン・オクチュさんはキム・ヨンホンの死に目に遭っていない。

売れっこのキーセンとして

残された三人の子供たちを、キム・ヨンホンの姉や妹たちは一人ずつなら引き取るといった。しかし彼女は、「きょうだいをばらばらにしてしまうのはかわいそう」と思い、三人を自宅に連れて帰ってくる。

そのとき、ムン・オクチュさんの兄は結婚して女の子が一人生まれていたので、実家は全部で九人の大所帯となる。こんどは九人の生活を背負わなければならない。ムン・オクチュさんは、朝昼と夜とでちがう仕事をして稼がなければならなくなった。

朝早く起きてミカリ（蒸しパン）を作り、日中はそれを頭の上に乗せて、市場や映画館の前で売り、夜はキーセンとしてお座敷にでる、というような生活だった。

高級料理店に出入りする男たちのなかに、「夫でもない男の忘れ形見を三人も育てている奇特なキーセンがいる」という評判がたつようになる。それは、慰安婦だったときと同じような展開をみせる。やがて、ソウルや釜山からも指名がかかるようになってきた。大会社の経営者や政治家たちが、商用などで韓国にやってくる日本人やアメリカ人たちを接待するお座敷に呼んでくれるようになったのだ。日本人には、もちろん日本のお座敷歌が受けたに違いない。当時、商談のために韓国を訪れる日本人たちの多くは元日本兵だったろう。ムン・オクチュさんが七十歳を過ぎても三十曲以上も日本の歌をうたえるのは、このころにもう一度キーセンとしてうたったからだ。彼女のレパートリーに美空ひばりや春日八郎の曲が加わる。

「大邱にムン・オクチュあり、といわれるほど有名になりましたよ。チャンゴ、ポク、ケンガリ、なんでもやったから、毎日呼びだしがかかって……。キーセンが四十人もいる大きな料理屋でした。友達のキーセンたちは少しでも金があると、おいしいものを食べ、酒をのみ、きれいな服を買って着飾っていたけれど、わたしはそうしなかった。一時間かかるところでも歩いてバス代やタクシー代を倹約したし、着るものも一枚あれば、それでよかったから。」

そうやってこつこつと貯めた金で、彼女は兄や弟に家を一軒ずつ買ってやったというのだ。

彼女はいう。

「ビルマで死にそうな目にあったたびに、父が命を助けてくれたのは、わたしに家族を養わせるつもりだったからでしょうよ。」

ムン・オクチュさんが三十歳をすこし過ぎたころ、母親が脳溢血で寝たきりになってしまう。

「母の病気はわたしのせい。わたしが小さなときからあちこち遠くにいって、心配をかけ、悲しませ続けたから、それで倒れてしまったんですよ。晩年は、あまりものをいうこともなくだまって寝ているばかりでした。母の一生を思うと、幸せが薄くて、かわいそうでたまらない。」

左半身が動かなくなってしまった母親の生活を、仕事の合間をみては走って帰ってきて、食事の世話、下《しも》の世話と続けるが、十年ほどしてその母親も死んだ。

その三十歳代、人の三倍も忙しく働いているムン・オクチュさんに、何人かの男性たちが求婚した。しかしそれらの男たちは、彼女が大勢の扶養家族を抱えていることを知ると、みんな去っていった。

「そのころ、なぜか男たちはわたしを好いたものです。わたしは、ただ金を持っているというだけの男はいやだから、去っていったとしても、それでよかった。それでも、男がくるようになったんですよ。」

病気の母親や子供たちがいることを知っても通ってくる男性がいる。「もうこなくなるだろうかと思いながらみていると、この人はいつまでもきた」のだという。

それは、パク・チョルギョ（仮名）という、彼女より三歳年下の男だった。独り者で、小さな菓子工場を経営しているということだった。

子供をひきとって

しかし、つきあっているうちに、この人にも妻子がいることがわかった。子供が三人もあったのだ。

ムン・オクチュさんはいつのまにか、彼の妻や子供たちともつきあうことになる。融通した金を返してもらうために、家を訪ねる必要もあったからだ。彼女はパク・チョルギョの妻とも友達のようになる。そして、妻が四人目の子供を妊娠しているのをみて、思わずいってしまったのだという。

「あなたはまだ若いのだから、これからだって子供はできるでしょ。そのおなかの子供をわたしにくださいよ。」

自分の子供を産むことができない、というコンプレックスがいわせた言葉だった。

ムン・オクチュさんはお産の介助をし、生後二週間目からその子を引き取って育てた。サンジュ(仮名)という名前も、高い金を払って有名な鑑定家からつけてもらった。仕事に出かけなければならないので、子守を雇い、大切に育てた。練炭炬燵で布団を温め、高価なミルクも与えた。パク・チョルギョの妻の手前もあるので、特別に手塩にかけて育てる必要があったのだ。

また扶養家族が増えたが、ムン・オクチュさんにとって、それは苦になるどころか、むしろ働く励みとなった。働いて稼げばすむことだった。彼女は、母や、彼女を裏切って死んだキム・ヨンホンの法事はもちろん、キム・ヨンホンの両親の法事までこれまでずっと続けてやってきた。韓国では、先祖の祭祀を行うことが、現在生きている者にとってなにより大きな務めだ。満州やビルマで、祖先を祭る中秋《チュソク》(旧盆)がきて丸い月をみるたびにムン・オクチュさんが故郷を思い出したということも、このような伝統によるのだろう。

キム・ヨンホンの三人の子供たちは、順番に学校を出ると、それぞれに巣立っていった。姉娘は中学校を卒業すると、知り合いの家でしばらく家事見習いをしたのち結婚。男の子は高等学校を卒業してしばらく働いたのち徴兵される。そして船の操縦などの技術を習得し、除隊後、船舶会社に就職して外国航路の船員になった。

彼がはじめて給料をもらったとき、「オモニ、お金を送りますから新しいズロースを買ってはいてください。妹にも少し小遣いをやってください」という手紙と、一万六千ウォンを送ってきたという。ムン・オクチュさんはこのことがよほどうれしかったとみえる。なんども相好をくずしてはこの話をしてくれた。彼女は送金をすべて貯金して、彼の結婚のときに渡した。末娘は中学校を卒業したあと美容師学校に入学し、美容師になった。いまは、それぞれに五十歳代になり、幸せに暮らしている。

両班として

ムン・オクチュさんは、五十歳になるころから、少しずつキーセンとして働く回数を減らすようになってくる。

大邱に、両班の人たちで構成する「タームスエ」という名のある種のサロンがある。そこではいつも、世界の政治、経済、歴史などあらゆる話題が談論されている。メンバーになるには両班であることがひとつの条件で、そうでない場合は、メンバーになるためにたいそうなお金がかかるという。縁談がまとまることも多いとかで、両班の女性たちにとってはその種の情報収集の場ともなっているところだ。

彼女はここを仕事の拠点とした。幸いなことに、彼女は政治や経済の話を聞くのが好きで、これらの話を何時間聞いても飽きることがない。議論好きの男性たちにずいぶん重宝がられることになる。それに、ここでは彼女が両班の出身であることも幸いした。

「両班の出身だということが役に立ったのは、わたしの人生ではじめてのことですよ。それに、女性が世界の歴史や政治の話を好きなのは珍しいでしょ。ここにくる男性たちは煙草をふかしながら、麻雀をしたり、いろいろな話をしたりして時間をつぶすのですよ。わたしは、この人たちに煙草やコーヒーを売ったり、麻雀の金を用立てたりして金を稼ぐようになりました。」

ここにきて、彼女はその才覚を十分に発揮する場を得たといえるだろう。大邱のひとつの社交界で、知らぬものはない独自の地位を占めるのだった。

ところが、苦労は終わらない。

サンジュがつぎからつぎへと問題を起こすのだ。大学を卒業し、ムン・オクチュさんの援助で事業をはじめ、結婚して子供も生まれるが、まもなく菓子販売の事業に失敗してしまう。おまけに離婚だ。原因はサンジュにある。彼はいつのまにかカード博打をするようになってしまっていた。事業資金を持ち出しては博打で負けてばかりいたらしい。とうとう店を借金の形に手放してしまう。さすがに妻の両親が娘と孫を連れ帰ってしまったのだ。

サンジュはヤクザから利息の高い金を借りていた。利息がおそろしくかさみ、ヤクザが毎日取り立てにきた。「わたしには関係ない」となんどかは突っぱねたが、サンジュが「なんとかしてください。もう絶対にやりませんから」と泣きついてきて、とうとうムン・オクチュさんは、爪に火をともして貯めた貯金をはたき、始末をつけてやらなければならなかった。しかも、それが二度、三度と続いた。ついに彼女は家を手放して借家に移る。

「サンジュはけっして悪い人間ではないですよ。中学生のときだったが、学費を払えなくなって学校をやめなければならなくなった級友にお金をあげてくれないかというので、金を少し出してやったことがありました。そうしたら何日かしてその子から、おかげで学校をやめなくてすんだと手書きの感謝状が届いたりしましたよ。やさしい子なんです。」

「生まれたばかりのサンジュをわたしが家族から引き離したりしなければ、こんなことにはならなかっただろうと思っていますよ。サンジュのきょうだいに博打打ちはいない。わたしの育て方が悪かったからでしょう、サンジュがこんなふうになったのは。情けないことです。」

ムン・オクチュさんはあくまでもサンジュをかばう。

サンジュの父親パク・チョルギョとは、この借金が原因で関係を清算している。全財産を投げ出して援助する彼女に、「おまえは気が狂っている」といって罵ったあげく、ぷつりとこなくなってしまったのだという。パク・チョルギョとの付き合いは三十年以上にも及んでいた。

サンジュは、ムン・オクチュさんが民間アパートを解約した権利金（チョンセ＝韓国では、まとまった権利金を家主に収めると一年間は月々の家賃は不要）をすべて持っていってしまった。

ムン・オクチュさんは一九九四年秋から、政府が借り上げてくれた永久賃貸アパートに住んでいる。それは「日帝下の軍慰安婦被害者への生活安定支援法」によるもので、十五階建て、六十平方メートルほどの広さ、二ＤＫオンドルつきだ。十一万ウォンの共益費は必要だけれど家賃は無料。住環境は良好といえる。

さらに、同法によって月額二十万ウォンの生活支援金が支給され、通常の医療費も無料なので、彼女は九五年夏現在、さしあたっての衣食住には困っていない。

2　名乗り出

呼びかけに応じて

一九九一年、ムン・オクチュさんは六七歳になっていた。

テレビに、ソウルの女性運動家たちがさかんに「挺身隊」問題を運動しているというニュースが流れるようになった。

「挺身隊ハルモニたち、でていらっしゃい。日本政府に対して公式謝罪と賠償を求めましょう」と呼びかけている。

それは韓国挺身隊問題対策協議会の呼びかけだった。同協議会は九〇年秋から数度にわたって日本政府に公開書簡を送っていた。しかし当初、書簡を無視していた日本政府は、国会で参議院議員にも質問されるに至って、こんどは「あれは民間業者がやったこと」という答弁を繰り返すようになっていた。どうしても日本国の責任を認めようとしない。それで協議会は、元慰安婦の女性たちに生き証人として名乗りでてくるように、と呼びかけていたのだった。

同年八月十四日、キム・ハクスン（金学順）さんが名乗りでる。

ムン・オクチュさんは、それをテレビニュースで知ってはいたが、ただ黙ってみていた。名乗りでようなどとは思ってもみなかった。

「あんなことは自分からすすんで他人に話すようなことじゃない。どんなことになるのやら、とおもってテレビをみていたんですよ」と、そのときのことを振り返る。

ところが、キーセンをやっているころからのもう三十年以上の知り合いで、タームスエでもときどき顔をあわせていたイ・ヨンナク氏から、ちょっと話があると呼び出しがかかった。

この人は、十六世紀に大邱にトサンショウォン（陶山書院）という学問所を開いたイ・テゲ（李退渓）という世界的な儒学者の子孫で、「やはり学問のある立派な人」だという。ムン・オクチュさんの尊敬する人でもあった。

「ムン・オクチュさん、誤解しないで聞いてくださいよ」と、イ・ヨンナク氏は話を切り出した。

「なにを誤解しますか。さあ、なんでもおっしゃってください。」

ムン・オクチュさんはそう応じた。

「あなたは若いときに日本軍の慰安婦だったと思うのだが違いますか。ソウルで女性たちが挺身隊の運動をしていることを知っているでしょう。もうすでに一人が名乗りでている、あなたも申告してはどうですか。恥ずかしがることはなにもない。あなたが慰安婦にさせられてしまったという事実が明らかになることには大きな意味がある。これは歴史の問題です。自分で電話をかけるのが難しかったら、わたしがかけてあげましょう。」

イ・ヨンナク氏は真正面からズバリと話を始めた。

「ああ、とうとうそのときがきた」と、ムン・オクチュさんは思った。それより、イ・ヨンナク氏が彼女のことを慰安婦だったと見抜いていたことが恥ずかしくて、身の縮む思いだったともいう。

ムン・オクチュさんは意を決して、「おっしゃるとおりにしましょう」と答えた。イ・ヨンナク氏は彼女の目の前でソウルの韓国挺身隊問題対策協議会に電話した。

十二月二日のことだった。

こうして、ムン・オクチュさんは三番目に名乗りでた挺身隊《チョンシンデ》ハルモニ（韓国では、挺身隊の名のもとに狩りだされたため、元慰安婦をこのように呼ぶ）だということになった。

ユン・ジョンオクさんとの出会い

さっそく十二月五日、協議会の共同代表ユン・ジョンオク（尹貞玉）さんがソウルから会いにきた。

あいさつもそこそこに、ムン・オクチュさんはビルマでの出来事を話した。短い時間ではあったが、ユン・ジョンオクさんは「はい、はい」とうなずきながら、熱心に聞いていた。

「わたしが一か、二かを話すと、ユン・ジョンオク先生は十も二十もわかってくださった。こんなに慰安婦のことを真剣に研究なさっている学者がいることにわたしは驚き、頼もしく、ありがたいことだと思いました。夜よく眠れないことや、足腰が痛いことなども全部話しましたよ。そうしたら先生は、ほんとうによく名乗りでてくださいました、これからハルモニたちのことを歴史にきちんと残すために、そして日本に謝罪とつぐないをさせるためにいっしょに運動しましょう、とおっしゃった。」

ムン・オクチュさんは、同年齢のユン・ジョンオクさんを尊敬している。

ムン・オクチュさんは、慰安婦だったことをべつに恥だと考えていたわけではなかったという。

とにかく無我夢中で生きてきたのだ。しかし、このことを家族にさえ話すことはなかったし、解放後しばらくのあいだ、たまに慰安婦時代の友達と会っていろいろと話すことはあったが、思い出を話し合うことはあっても、このことについて、世の中に明らかにするというようなことは考えたこともなかった。

隠さなければと意識していたわけではなかったのに、それでも人には話せないことだったというところに、複雑な気持ちが表れているのではないだろうか。

そのころからソウルでは、慰安婦をさせられていた女たちが堰《せき》を切ったようにつぎつぎと名乗りでてくるようになる。連日にわたって何人もの女たちがホットラインに電話をかけたのだった。

年が明けると、日本の首相がソウルにくるというので、日本大使館に対するデモもあって、これが大きな問題になった。ムン・オクチュさんの顔がテレビの画面にでることもあった。テレビにでた日は、夜になると電話がひっきりなしにかかってきた。次のようにいわれたそうだ。

「ねえさんが挺身隊ハルモニだったなんて……。黙っていればわからなかったのに、いまさらどうして名乗りでたの。」

「お金のために申告したのでしょ。少しくらい金がでるかもしれないけど、それより、黙っていたほうがよかったでしょうに。」

「ねえさんとはもう付き合わないことにします。」

わたしは、わたしだ

またたくまにタームスエの友だちにも知れ渡り、電話だけでなく、ムン・オクチュさんは大邱市内のどこを歩いても「テレビでみましたよ」といわれない日はなくなってしまったという。たくさんの友達を失ってしまった。

ムン・オクチュさんは、このことに対してもきっぱりといい切る。

「友達を何人か失ったけれども、それはそれでいい。名乗りでても、名乗りでなくても、わたしはわたしだからね。ほんとうのことをいっただけなのに……。わたしはね、この人と友達だと思ったら、少しくらい欠点があろうと、いやなことがあろうと、その人を信じて最後まで付き合っていきますよ。あれこれいってくるような人は、ほんとの友達じゃないと思っています。逆に、数は少ないけれど、テレビでみましたよといって深い同情を寄せてくれる人もあるのだから……」

ちょうどそのころは、サンジュの借金のために家を手放したり、転居をしたりしたうえに、パク・チョルギョがこなくなったりして、ムン・オクチュさんの苦労が重なっている時期だった。あわただしくときが流れていた。

そんなとき、彼女はまたある男性と出会う。同い年で、朝鮮戦争の傷痍軍人だ。この人は十年ほど前に妻を亡くしていて、老人たちが集まって講演をきいたり、雑談をしたりする会で会ったのだった。それは慰安婦の名乗りをしたあとだったので、ムン・オクチュさんは彼がそのことを知らないはずはないと思っていた。二人は互いの家にいって花札をして遊んだり、老人クラブにいって遊んだりするようになった。

「あんたは物知りで、気前がよくて、世界でいちばん面白い女だ。」

この男性はそういってムン・オクチュさんを喜ばせる。サンジュの借金返済の催促にヤクザがきて彼女を脅したときにもずっとそばにいて立ち合ったし、ムン・オクチュさんが家を売って一文無しになってからも、少しも変わらず遊びにくる人だ。

ムン・オクチュさんは、被害者として「挺身隊問題」の運動のためにソウルや日本にいくようになっていた。

やがて、あるとき、すこし酒をのんでいたときだったそうだ。彼は尋ねた。

「どうして慰安婦だったことを知り合った最初にいわなかったのかね。」

やはり気にしていたのだ。大喧嘩がはじまった。ムン・オクチュさんは喧嘩するときにはぜったい負けないことにしている。彼女らしい啖呵《たんか》がとんだ。

「なんでそれをあんたにいわなければならないの。あんたは、わたしが慰安婦だったか、そうでなかったかをきいて、付き合うかどうかを決めるようなケチくさい男か。そんな男なら、もう金輪際ここにはくるな。あんたなんかにきてもらわなくていい。」

この喧嘩があって以来、二人は以前にも増して仲良くなったのだという。ムン・オクチュさんは、「慰安婦のことを知っていても友達でいられる人がほんとうの友達ですよ」といっている。

ムン・オクチュさんは、名乗りでて二年ほどしてから、ヒトミの下の妹が経営している旅館にいってみた。

ムン・オクチュさんが名乗りでたことを妹は知っていた。テレビか新聞でみたのだろう。名乗りを勧めにきたものと勘違いしたらしい。ムン・オクチュさんにものをいわせないよう機先を制してしゃべりだした。

「ねえさん、最近、慰安婦をしていたという女たちがたくさん名乗りでているようだけれど、あんなにみっともないことはないですよね。なんで、いまさら自分の恥ずかしい過去をさらす必要があるでしょう。何千万金をもらえようと、あんなことはすべきじゃないですよ。」

ムン・オクチュさんにはヒトミの妹の心が痛いほどわかった。姉の生活に波を立てないように、と思いやっているのだ。名乗りでたことには一言もふれず、わざととりとめもない世間話だけをして彼女は帰ってきた。ヒトミは大邱から少し離れたところで元気に暮らしているという。背の高かったヒトミは、いまでは腰が曲がってしまって小さくなっているそうだ。日本兵の血を引く一人息子は立派に成長し、出世している。

ツバメとヒロコの消息をムン・オクチュさんは知らない。二人とも結婚したという噂は聞いていたので、幸せに子供たちや孫たちに囲まれて暮らしているのではないかと思っている。

「これは歴史なのだ」

結局、大邱館に連れて行かれた十七人のうち十三人が朝鮮に帰ってきたけれど、名乗りでたのはムン・オクチュさん一人だということになる。彼女の推測によると、名乗りでた慰安婦はおそらく十人に一人にも満たないということになる。韓国にはまだたくさんの元慰安婦がひっそりと隠れて経緯を見守っているはずだ。

イ・ヨンナク氏が「これは歴史なのだから、あなたが恥ずかしがることはない」といって、ムン・オクチュさんに名乗りを説得したことを、彼女は真正面から受けとめている。

「わたしは最近、自分の生い立ちや慰安婦だったということを、あれは歴史だったのだと思うようになってきました。両班の政治家たちが、長いキセルでたばこをぷかぷかとふかして悠長な政治をしていたから、わたしの国は日本の植民地にされてしまった。わたしたちの犠牲もそのせいだと理解していますよ。国がやり方を間違うと、こんなことになってしまう。

名乗りでたからには、歴史にわたしたちの存在をきちんと残し、二度とあんなことが起きないようにしてほしい。日本政府には、堂々と謝罪と賠償をもとめる運動をしていきたい。わたしはもう何度も日本にいって慰安婦時代のことを証言した。

でも日本政府は、いつも冷たい。

国会にもいった。貯金を返してほしいと、郵政省との交渉もした。宮沢首相がわたしたちに謝罪したというのに、どうしてわたしたちは門前払いばかりされるのか、わけがわかりませんよ。

貯金のことをいえば、わたしは、あの貯金には悲しい歴史が込められているからこそ、日本に置いておきたくない、返してほしいといっているのです。本来なら、わたしが日本に行って返してくださいといわなくても、日本政府が返しにくるのが当たり前のことじゃないですか。もう、お話にもならない……。

わたしは、日本政府はこの問題をきちんと解決することはない、とみていますよ。なぜなら、慰安婦は韓国人だけではなかったのだからね。もしも、わたしたち韓国人に賠償することになれば、中国にも、台湾にも、ビルマにも、それからまだまだほかの国の女たちにも賠償しなければならなくなってしまう。それはたいへんなことで、そんなことを日本政府がするはずがない。

国というものはそんなものですよ。

だけどわたしたちは、日本人には大和魂というものがあって、それはたいそうきっぱりとして潔いものだ、と聞いています。大和魂はどうしたのですか。」

ムン・オクチュさんの体の調子は悪い。とくに九五年になって、その弱りかたは急激だ。両下肢が痺れ、痛む。いつも数種類の薬を服まなければもたなくなってしまっている。痛み止め、胃薬、ビタミン剤……。

腰と左足が痛くて、ひきずって歩きはじめたのは六〇歳代になってからだが、そのうち、ときどきしびれと痛みで歩けなくなるようになってきた。大学病院で精密検査をしてもらったところ、「腰の骨がずれています。若いときに高いところから落ちて、腰をつよく打ったことがありませんでしたか」というのが医者の診断だった。しかし、手術をしてもかえって悪くなる可能性もあるとのことで、痛み止めの薬をのむだけというのが彼女の治療法だ。歩くのがつらくなってきたし、階段を上がったり下りたりするのは、なおつらい。

また、これも五十歳代のことだった。下腹が痛くて仕方がなかったので医者にいったら子宮内膜症とのこと。入院してラッパ管をとる手術を受けている。不妊症もこの病気も、慰安婦をしたことの後遺症だ。

あなたの恥ではない

心の状態はどうか。

九二年三月、彼女は慰安婦時代の体験を証言するために福岡を訪れた。それは、名乗りでてから三ヵ月後のことだった。ムン・オクチュさんは、講演のために同行した韓国挺身隊問題対策協議会のキム・シンシル（金信実）さんに、爆発したように語り続けていた。そのときムン・オクチュさんとはじめて出会った私は十日間ほど行動をともにしてその様子をみていた。

ムン・オクチュさんの語りは、目ざめた寝床の中から、食事中も、移動中も、就寝の寝床まで続いていた。韓国語を解しない私にも、ムン・オクチュさんが慰安婦時代の記憶を語っていたことはわかった。キム・シンシルさんが、「アイゴー、ハルモニ（まあ、おばあさん）」と相槌を打ったり涙をこぼしながら、ただひたすらに聞き続けていたことが印象深い。

ムン・オクチュさんのその語りは、はじめの名乗りに継いで体験を相対化するものだったろう。それに対して、ただ「うん、うん」といって、聞き役に撤していたキム・シンシルさんの存在がムン・オクチュさんの心の傷を癒していたのだ。

私は、心の傷が癒されていくプロセスを目前にしていることに感動した。

同じ年の八月、大邱のムン・オクチュさんを訪ねた。同じ部屋に寝たとき、彼女がいびきをかいていることに気づいた。彼女ははじめての聞き取り調査に応じたとき、「人間というものは何日間も寝なくても死なないものですね」と不眠症を訴えていた。元慰安婦の二大後遺症は「不眠」と「頭痛」なのだけれど、彼女は不眠から解放されていた。

ここで、韓国挺身隊問題対策協議会の元慰安婦を支えるもう一つの大きな働きについて触れておかなければならない。これこそ、元慰安婦たちの名誉を回復し、名乗りでたこととその後の運動の根拠となったもので、次のような考え方だ。

「慰安婦だったことは、あなたの恥でも、家の恥でも、村の恥でもありません。あれは日本国の戦争犯罪だったのです。」

女の貞操を重んじる儒教の国韓国で、元慰安婦たちは解放後もずっと、「だまされたわたしが悪かった」「あれは運命だった」と、自分を責めたり、あきらめたりしていたのだ。被害者たちにとって、「あなたが悪かったのではない」ということと、「加害者は犯罪者で、その犯罪者と闘う」ということは、まったく新しい発想だった。これが元慰安婦たちを苦しみから救ったのだ。

逆に、「金目当て」という評価が彼女たちをいちばん傷つけていることは、いうまでもない。

最後に、九二年春から九五年夏までのあいだに、折りにふれて聞いたムン・オクチュさんの心境を記しておこう。

「もう、もう……、慰安婦だったということは、忘れようと思っても忘れられない、消そうと思っても消せないことですよ。わたしは、前世でどんな悪いことをしたからこんな報いを受けたのだろうか、と思っています。」

くる日もくる日も、兵士の性の相手をするだけの慰安婦だった日々のことを、彼女はこのように振り返った。消え入るような小さな声だった。

「わたしはあのとき、一生懸命慰安婦をしていました。酒をのみ、たばこを吸い、歌をうたって……。爆撃を受け、逃げまどったり、ジャングルの中を何日もひもじい思いをしながら歩きに歩いたですよ。もう話にもならない。」

「わたしは人間じゃなかった。あのときわたしは人間じゃなかった。」

「わたしは死ななかっただけでも運がよかった。父がわたしを生かしてくれたから生きて帰ってきた、と思っています。アキャブで、サイゴンで、ラングーンで、何回も死ぬような目にあったけど、死ななかったから……。大邱に帰ってきてからでも、どんなに体を使って働いてきたことか。大邱の友達ならだれでも、どんなにわたしが苦労して家族全員の世話をしたことを知っています。」

「ビルマであのとき、せめて金を持って帰ろう、金持ちになったら母に楽をさせてあげられるからと思って、必死で金を稼いだけれど、結局、わたしは一生涯働き続けた。

　男たちはなぜかはわからないけれども、わたしを好きになったですよ。あんたの目は丸くて、ハトの目のようだ、とよくいわれたものです。わたしは、ほかのきれいな女たちと並んでいるときでも、名指しされることが多かった。

　それに、いまはこんなになってしまったけれども、そのころのわたしの声は澄んでいてきれいで、どんなに高い声もでたし、こぶしもまわった。わたしのうたは日本の軍人たちが喜んだものです。わたしはわたしで、軍人たちの喜ぶ姿をみるのが楽しかった。

「つらいだろうけれども生きて帰って親孝行しなさいよ、といってなぐさめてくれたのは、スーちゃんだったヤマダイチロウだけではなかったですよ。日本の兵隊さんたちの中には、いい人もたくさんいたし、みんな苦労してかわいそうだった。」

「このごろ、なぜかキム・ヨンホンの夢をみますよ。同じ夢ばかり三度もみた。キム・ヨンホンがいいますよ。あんたは、おれの子供たちをよく育ててくれたなあ、ありがとうよ、おれはあんたと一緒に暮らそうと思っているのに、どうしてきてくれないの、って。わたしが、あんたは死んでしまったのに、なんで一緒に暮らせるの、というと、キム・ヨンホンはいつも、おれは死んでいないよ、生きているよ、といってにこにこ笑っているんですよ。そしていつもここで目がさめる。

　わたしが死んだら、あの世でキム・ヨンホンと一緒になるのかもしれないなあ、と思います。

　キム・ヨンホンの子供たちがわたしをさがしていると人づてにきいていています。船員になった男の子がわたしと一緒に暮らしたい、といってくれているそうです。電話番号を教えてくれているので、わたしの命がもうもたないな、と思ったら居所を報せようと思っています。

サンジュは、ここ数年のあいだタクシーの運転手をしたり、あたらしく事業を起こそうとしたりして、あの子なりに一生懸命努力しています。わたしは、とことんこの子と付き合っていくしかないですよ。

葬式と墓の用意はできています。もういつ死んでもいいから、生きられるだけ生きればいい、と思っています。」

ムン・オクチュさんは、たんたんと話してくれた。

働きに働いて生きてきたムン・オクチュさんの半生は、当然のことながら、この七十年の朝鮮・韓国の歴史にピタリと寄り添っているといえるのではないだろうか。

3 ビルマ戦線・楯師団と慰安婦

「楯師団の軍属」として

ムン・オクチュさんは、「わたしはタテ八四〇〇部隊の軍属だった」といっている。

そこで、当時の日本軍と楯師団、そして慰安婦の軌跡を追ってみることにした。

楯師団というのは第五十五師団のことで、一九四〇年七月に善通寺師団管区で編成された。兵士は四国各県から集められている。

軍隊の各軍や師団には、防諜のための呼び名がつけられており、たとえば、ビルマ方面軍には森、第十五軍には林、第十五師団には祭、第三十一師団には烈、第三十三師団には弓といった名がついていた。タテ八四〇〇部隊というのは楯第五十五師団の師団司令部のことである。したがって慰安所を管理していたのが師団の中枢である司令部であったことが推量できる。

東南アジアを統括していたのは南方軍で、その総司令部はシンガポールにあった。

四一年十一月現在の南方軍戦闘序列によると、総司令官の下に第十四軍、第十五軍、第十六軍、第二十五軍が編成され、それにくわえて第三、第五飛行集団と歩兵一個師団が配置されている。

そのうちビルマ方面を受けもったのが第十五軍で、その下に楯師団と弓師団が置かれている。

一九四一年十二月八日、マレー半島各地に上陸した日本軍はまたたくまに南下してシンガポールを占領する。楯師団では宇野支隊が十二月八日、マレー半島東海岸のプラチャップ、チュンポン、バンドン、ナコンの各地に上陸している。すぐに西に進んでタイを攻略し、その勢いにのってイギリス領ビルマにも進攻していった。破竹の勢いだ。首都ラングーンを占領したのは四二年三月八日、五月にはビルマ全土を掌握している。

その第一の目的は「援蒋ルート」と呼ばれた、ビルマを南北に通過して中国の昆明、重慶に向かって伸びるアメリカの軍需物資運送ルートを断つことだった。泥沼化していた中国戦線をなんとか有利にするため、物資補給を断つ必要があったのだ。中国、アメリカ、イギリスが日本の主要敵国だった。

ビルマでは、イギリスに対する反植民・独立闘争がさかんになりつつあった。日本軍は、アウンサンらをリーダーとするビルマ人民革命党を援助する形でビルマに進出していったのだった。タイ・ビルマ国境を突破した楯師団は、ビルマの西の都会モールメンを通過して北へ進路をとる。ビルマ中央に位置する古都マンダレーに向かった。

三月八日にビルマ独立義勇軍とともにラングーンを占領したのは第三十三師団（弓）。その直後に、日本軍は第十八師団（菊）と第五十六師団（竜）をラングーン港から上陸させ、第十五軍下にくわえた。ビルマに駐留する日本軍は七万余の大軍となった。

この緒戦でイギリス・インド連合軍はまったく戦おうとせず、武器、車両から食料にいたるまですべてを放置したままインドのインパールに逃げている。楯師団の元兵士のなかには、「英軍の倉庫にスコッチウイスキーが山のようにあって、上官からうまいヤツを持ってきてくれといわれたけど、どれがうまい酒なのかわからなかったので、ラベルの気に入ったのを持っていった。敵が残していった食糧を、敵の将軍チャーチルからの現物支給の給与とみたてて『チャーチル給与』と呼んでいた」と、思い出を語る人もいる（楯八四〇〇部隊戦友会。善通寺市にて。九四年四月）。

インパール作戦・インド侵攻

ビルマは、「大東亜共栄圏」の西南端と考えられていた。したがって、日本軍の目的はすでに達成され、あとはビルマの防衛にまわればいいはずであった。ところが、さらにインド進攻がスケジュールに上ってくる。緒戦が「無血上陸」「連戦連勝」などといわれるように、勝ち戦続きだったからと考えられるが、もともと日本軍はインド進攻を計画してもいたのだった。

四一年十一月には、すでに「ビルマの独立を促してインドの独立を刺激する」との内容も入った「対米英蘭戦争終末促進に関する腹案」という文書が出されている。

楯、弓、菊、そして竜の各師団は、各地で英印連合軍、中国軍などと戦いながらマンダレーへと向かう。マンダレーはイラワジ河の畔にあるビルマ最後の王都で、北東に進めば中国国境の要塞ミートキーナやバーモへ、北西のアラカン山脈へ向かえばインド国境に至るカレミョウ、モーレイクへ至る交通の要所でもある。日本軍はここを駐屯地とし、司令部を置いた。

ビルマ全土が日本軍の支配下に入ると、さっそく慰安所が設置される。

山砲兵第五十五連隊（楯八四二〇部隊）第八中隊長河村勇氏は、四二年六月の日記をもとにして次のように記している。場所はマンダレーの南二十キロにあるミンゲという町のことだ。

「……駐留後一ヵ月も過ぎ、体力も次第に回復した頃、広東姑娘《かんとんくーにゃん》一一名を、金子さんという長崎県出身の女の人が引きつれて、わが部隊に配属されて来て、慰安所が開設されることになった。

土居中尉が慰安所長となり、付近の部落から現地婦人も二名募集して来て、総勢一三名の慰安所が設けられた。内地出発以来南方大陸を横断して、激戦奮闘の明け暮れに、殺伐として、荒んでいた将兵の心にも、漸くなごやかな気分が蘇り、補充兵から懐かしい祖国の流行歌を習って口ずさむようになって、宿営地から楽しい歌声が高らかに流れ始めた。宇賀連隊長は、教育訓練や、統率面では実に厳しい人であったが、一面温情溢れる真の武人で、将兵の慰安には特に心を配っていた…」（『ビルマの夕映え・続』香川県ビルマ会編）

ビルマ全土を手中に収めると、ただち慰安所が開設されたことがわかる。

同年八月、南方軍は「インド東北部に対する防衛地域拡張に関する意見」を具申し、「印緬（インド・ビルマ）国境方面に我が航空基地を推進する必要がある」と主張する。それを受けた大本営は八月二十二日、「東部インド進攻作戦準備に関する指示」を南方軍に示達する。これがインパール作戦への始動となる。

一九四二年、マンダレーへ連行

ムン・オクチュさんたちがラングーン経由でマンダレーに連行されたのは、このような状況のときだった。

彼女は、釜山を出航したのが四二年七月十日だった、と記憶している。

アメリカ戦時情報局心理作戦班が作成した「心理戦尋問報告第二号」（一九四四年十一月三十日）によると、東南アジアに送る慰安婦を集めるために、日本人の斡旋業者が朝鮮に乗り込んだのは四二年五月下旬。そして、七月十日に七〇三名の少女を乗せた船が釜山を出航している。ムン・オクチュさんがこの一団の中にいたのは間違いないだろう。

この七〇三名のうちの何人がビルマに連行されたのかはわからないが、彼女たちを配してビルマ各地に慰安所が開設された。ムン・オクチュさんは、ラングーン港に上陸した直後、将校たちがくじを引いていたことを目撃している。このくじによって、少女たちはグループごとに各地の慰安所へと連行されていった、と考えられる。そしてムン・オクチュさんの場合のように、師団の移動にともなって各地を転々とさせられたのだろう。日本軍資料、アメリカの前述報告書、元兵士の証言、戦記などから拾った慰安所開設地は、ラングーン、タウンジー、マンダレー、ミンゲ、ミートキーナ、メイクテーラ、ペグー、プローム、モールメン、アマラプラ（マンダレー郊外）、ラシオ、カマイン、モガウン、メイミョウ、シュエボ、タンガップ、アキャブ、ボロンガ島（いずれも当時日本軍が呼んだ地名）である。およそすべての兵站基地と、一部前線も含まれている。

年が明けて四三年一月、楯師団に対してアキャブへの移動命令がでている。三月から五月にかけての第一次アキャブ作戦である。

そのころのビルマ戦線には、北部フーコン谷地に菊師団が、北東の雲南方面に竜師団が、西北部アラカン方面に弓師団が、そしてベンガル湾に面した南西海岸に楯師団が、それぞれ展開していた。

三月二七日にはビルマ方面軍も新設され、ラングーンに司令部が置かれている。方面軍が第十五軍を直接指揮するためだった。

衛生兵であった楯八四〇〇部隊の曹長A氏が語ってくれた次の出来事は、このころのことだったろう。

「昭和十八年に先遣隊でタンガップに行ったときのこと。先遣隊というのは憲兵二人、主計四人、副官部と管理部各三人、軍医部一人で行くのですがね。衛生状態を調べるのですよ。部落に疱瘡《ほうそう》が流行しとった。五十軒三〇〇人ほどが要注意で、一軒一軒の家ごと立入禁止にしたなぁ。部隊はもうプロームまで来ていたので防疫を急がなければならない。ラングーンで接種液を作らせた。牛に天然痘の菌を植えて作るんじゃが、それを飛行機で取りにいって、部落全員に予防接種した。徹底してやったもんじゃから、ルジー(村長)が喜んで、私たちを信頼した。

それだからピー屋をこしらえるのもうまくいきましたよ。ピー屋は管理部の仕事でね。駐留したら、若い兵隊が女をいじめて、どんなことをやるかわからんからね。軍隊というところは男ばっかりだし、元気だから、女に接することで和むわなあ。強姦すると治安が乱れるから困る。村長にいって娘を出させた。名簿をこしらえさせ番号を付けた。たとえば一番から十番まではなんとか部隊、二十番から三十番はなんとか部隊というふうに割り振ったものですよ。

きくこ、ゆりこ、はるこなどと名前を付けた。検黴《けんばい》(性病検査)も、普通は一週間に一度だけど、三日目には診てやった。大事に使わないとできなくなるぞ、といって。少しくらいのただれは仕事をさせました。ひどいただれがある娘は、村長を呼んで家に帰らせた。五百人の兵士に娘七人じゃった。」

一九四三年、アキャブで

大邱館のムン・オクチュさんたちも師団のあとを追いかけるよう命じられた。イラワジ河沿いにアラカン山脈を南下行軍しベンガル湾に出ると、こんどは海沿いにインド国境のアキャブ島へ向かった。自殺した友達や結核で死んだアキミを葬ったのはこの行軍の途中のことだった。

楯師団が展開した第一次アキャブ作戦は四月末、インデンの戦闘でイギリスの旅団長を捕虜にするなどして勝利を収めているが、これは四三年ビルマ戦線での日本軍の唯一の勝ち戦だった。

八月一日にラングーンでビルマ独立の式典が挙行され、バーモウ博士がビルマ首相に、アウンサンがビルマ防衛軍司令官に就任する。もちろん、独立とは形ばかりで、その実態は日本軍のビルマ支配が続いていた。

九月になると戦況は一変する。連合軍はアキャブの日本軍に対して、大編隊での空爆を開始する。それは、十月になるとさらに大規模な空襲となってくる。ムン・オクチュさんが逃げ惑ったり、落ちた飛行機の残骸を見にいったのはこのころのことだろう。連合軍は、大部隊と潤沢な武器弾薬を投入して反撃を開始したのだ。

前出河村勇氏の手記をもう一つ紹介しよう。アキャブ島の対岸のボロンガ島に駐留していたときの模様だ。ムン・オクチュさんはボロンガ島という島の名を「聞いたことはあるが、行ったことがあるのかどうかわからない」といっている。また「日本の着物を着たことはない」といっているから、次に登場する朝鮮人慰安婦はムン・オクチュさんたち一行ではないようだ。

「……九月末になって陣地の構築も略完成した頃、噂の朝鮮人十一名で編成した慰安部隊が配属されてくることになった。早速使役兵を出してタロー部落の東端に慰安所を建築して待っていた。間もなく懐かしい日本の着物を着た慰安婦がやって来た。ボロンガ島は俄かになまめかしい脂粉の香りが漂い始め、夜間になると賑やかな歌声が宿営地迄流れて来るようになって、兵の生活も明るさが倍加してきた。

此の頃から敵機は連日のようにアキャブ上空に出撃し始めた。時には大編隊で来襲し、その都度大爆撃を受け、火焔がこちらからもよく見えたが、どう云うものか此の島には敵艦や敵機の襲来も無く実に平和な日が続き、仮住居の宿舎に結ぶ夢路は、毎夜のように音信絶えた懐かしい祖国の空に飛ぶのであった……」（前掲書『ビルマの夕映え・続』）

十月には師団長が古閑健氏から花谷正氏に交代し、師団名が楯から壮へと改称される。

前述A氏の同僚B氏の証言である。

「幹部は専属を連れとった。花谷閣下にはえいこさんとか、おえいさんと呼んだ日本人の別嬪がいた。町（アキャブ）で幹部会議があるときは飛行機で飛んでくるのだけれども、会議がすんだら女の所にいくのだわ。参謀長のお抱え女も日本人で、ここの近くの出身だったよ。没落した家の娘じゃった。朝、運転手つきの自動車で当番兵が参謀長を迎えにいったものですよ。」

四四年一月七日、インパール作戦が正式に発令される。

第十五軍が総力を傾注してインドのインパールをたたくことで、四周からの総反攻に機先を制しようというものだ。インパールに向けて、アラカン山脈越えのもっとも険しい北側のルートを烈第三十一師団が、中心のルートを祭第十五師団が、そして南ルートを弓第三十三師団が受けもつことになった。

インパール方面以外は、北のフーコン方面に菊第十八師団、中国雲南方面に竜第五十六師団、そしてアキャブ方面に楯第五十五師団が配置された。

一月十五日、第二十八軍が新設され、楯師団はその傘下に編入替えされている。さらに四月末には第三十三軍が編成され、師団数も四師団から九師団に増強されている。

二月一日、楯師団に第二次アキャブ作戦の命令がくだる。インパール作戦を陽動して、英印軍を南のベンガル湾に引きつけておくためだ。しかし、「インパール以外には最小限の兵力しか配備しない」という方針のもと、物資補給も乏しく、持久戦はおぼつかないありさまだった。日本軍は、このころすでに戦争に必要な武器弾薬、それに食料や医薬品などを十分には調達できなくなってしまっていたのだ。花谷師団長は自ら兵士たちに、「取って食え、取って撃て」という「泥棒作戦」を命令していた。

アキャブ、敗退

第二次アキャブ作戦で決戦となったシンゼイワ盆地で、連合軍は戦車を外側に配列した強固な陣地を組んだ。円筒形陣地と呼ばれる、守りに強い新しい形の布陣だった。その陣地めがけて毎日大型輸送機C47による物資補給が続く。楯師団はその陣地を完全に包囲しながらも、補給がまったく行われないため、持参した弾薬や食糧を使い果してしまった。兵士たちは敵の砲弾を浴びるばかりでなく、飢えと病気によって日に日に弱り、やがて後続英印軍によって逆に包囲されてしまう。後退するしかなかった。英印軍をひきつけておくことが任務である楯師団はその任務を遂行するどころではなく、もう壊滅寸前だった。

このころ、アキャブのムン・オクチュさんは慰安所の二階から突き落とされて肘の関節を折り、入院していたのではないだろうか。またヤマダイチロウは、この戦闘で戦死したのではないだろうか。戦友会に調査を依頼し、戦後すぐの戦友会名簿を繰ってもらったが手がかりはつかめなかった。

インパール作戦

三月八日、いよいよ第十五軍に対してインパール作戦のゴーサインが出される。「三週間でいっきにインパールを攻略せよ」という命令である。第十五軍の各師団兵士たちは三週間分の食糧と武器弾薬を担いで、標高二千から三千メートルの山脈をインパールに向かって行軍した。背中の荷の重さは四十から五十キログラムにも及んだという。食糧・弾薬の補給は当初から考えられていなかった。むろん戦闘をしながらの行軍だった。起伏の多い岩山を、険しい谷を、敵の銃弾を避けながら進まなければならない。戦死するものも多かったが、それ以上に、疲労、栄養失調にくわえてマラリヤやアミーバ赤痢などの病気につぎつぎと倒れていった。

三月にはいると、日本軍はビルマの制空権を完全に失っている。

それでも兵士たちは進軍し、比べものにならないほど豊かな装備をもつ英印軍を相手に戦闘を続ける。日本軍兵士には弾薬はなく、時間が経つにつれて、攻撃ができなくなるうえに、飢えに苦しんでいた。やっと補給があったとしても、それは、やはりひもじい思いをしている補給部隊によって抜き取られ、前線には届かない。輸送に使われた牛馬もまたガリガリに痩せていたという。

四月になって、烈第三十一師団はやっとインパール北方のコヒマまでたどりつくが、そこでも激しい攻撃にあい、全滅する中隊があいつぐ。

くわえて、「バケツを引っくりかえしたほどの雨が降る」という雨季が到来してしまった。三師団はともに、アキャブでの場合と同じ強力な円筒形陣地を作る連合軍に夜襲を繰り返す。しかし作戦は見透かされており、英印軍にダメージを与えるどころか、むしろ逆に負傷兵はふえる一方だった。

アキャブ方面にいた第七、第五インド師団は、弱体化した楯師団を相手にせず、インパール方面英印軍を援軍するため飛行機で飛び去ってしまう。インパール作戦の完全な敗北はだれの目にも明らかだった。作戦そのものの不合理性から指揮命令系統にも不都合が生じ、中将が交代するなどのトラブルも発生していた。戦争の悲劇は、こういう状態にあってさえ命令がなければ兵士たちは自分の判断で退却することができないことだ。

インパール作戦中止、敗退

七月二日、ついに大本営はインパール作戦中止命令を出す。

第十五軍の敗走が始まる。国境に近いタムからカレミョウにかけての山や谷、街道はおびただしい日本兵の死体で埋まった。のちに「白骨街道」と呼ばれた。この作戦に参加した八万余の日本軍のうち、戦死者は三万五〇二人、戦傷病者は四万一九〇〇人にのぼる。十月現在の兵員報告が約一万一八〇〇人であるところをみても、いかに多くの戦死者を出したかがわかる。

一方、北ビルマのフーコン方面、ミートキーナでは菊師団が、中国国境雲南方面、怒江東岸では竜師団が、それぞれ潰滅的な打撃を受けながら戦いを継続していた。しかし、主力を投じたインパール作戦で日本軍が破綻したのだから、連合軍の攻勢がますます強まってきたのはいうまでもない。

七月四日になると、マンダレーに向かって連合軍が進軍してくる。マンダレーの北へ百キロメートル足らずの町シュエボ付近で、イギリス軍によって撮影された慰安婦五人のフィルム映像が、戦後イギリスで見つかっている（最近、日本でテレビ放映された）。ムン・オクチュさんがいっているのと同じように半袖のワンピースを身に着け、裸足でやってきてトラックに乗り込んでいる姿だ。首にタオルを巻いている少女の姿もある。

このとき、日本軍が保持していた飛行機は小型連絡機十四機だけとなっていた。日本軍の守備線はしだいに南にさがるしかなかった。

同月三一日、アキャブを守っていた栖と第二十八軍はカラダン河の東に撤退する。

前出のA曹長とB氏は語った。

「アキャブには台湾ピー、現地ピーもいましてね。現地ピーにはインドとの混血も少しいたなあ。危険な状況になったとき、日本軍についとったピーだとわかったら命が危ないから、全員坊主にして寺に預けた。得度させてパゴダに入れたんですよ。」「朝鮮人や台湾人は連れて逃げたけど、シッタン河でほとんど死んだろう。兵隊でさえ一万人以上も死んだもの。三、四百メートルもある河を筏《いかだ》につかまって泳いで渡るのだから。軍票（軍用手票の略。戦地・占領地で、軍隊が通貨の代用として使用する手形）を捨てなさい、といっても捨てられないで、胴に巻いて河に入ったもんだから、札が水を含んで重りをつけたようになって、沈んでしまったわなあ。」

八月三日、北では中国軍の攻撃によってミートキーナが全滅した。このときミートキーナには約五千人の軍隊と民間人がいた。傷病兵さえも銃を取って戦い、民間人は陣地構築、炊き出し、連絡などで軍に協力したという。ここでは慰安婦たちも弾丸や食料を運び、白鉢巻きに竹槍で戦ったが、「玉砕」寸前で捕虜になって助かった人たちがいる。アメリカには四二人の朝鮮人慰安婦と二一人の中国人慰安婦を取り調べた心理戦尋問報告（前出）が残されている。

プロームに逃れる

九月になると拉孟《らもう》、騰越《とうえつ》が潰滅する。

同時期、西の楯師団はプロームに逃れている。ムン・オクチュさんたちもこのときプロームに連れていかれたのだろう。

そして同月中旬には楯師団の主力はベンガル湾の南端に近いバセインへ向かって敗走していく。十二月、最後まで残されていた第二十八軍桜支隊に対して撤退命令がでる。ビルマ中でじわじわと日本軍が南へ、東へと退き、背後から英印軍、アメリカ軍、中国軍が迫ってくる。

四五年二月、連合軍はついにイラワジ河を突破する。このころになると、ビルマの上空にはアメリカのB29が五十機もの編隊を組んで飛来し、空爆を繰り返すようになっていた。タウンジー兵站病院が空襲され、傷病兵とともに野戦病院で治療に当たっていた日赤の医師、看護婦たちがジャングルに逃げたのも二月だった。

三月、マンダレーに連合軍旗が立つ。

三月二七日、これまで友好関係にあったビルマ軍が日本に対して武装蜂起する。このまま日本軍についていては、独立どころか負ける日本と同じ運命をたどらなければならない、と踏んでの決起だった。

四月十九日、大局的にはビルマでの戦争は終わった。

四月二六日、ラングーンのビルマ方面軍司令部から、木村兵太郎中将（東条陸軍大臣時代の陸軍次官。退却後陸軍大将へ進級）以下司令部の全員が芸者、仲居、料理人まで連れてタイへ脱出した。これは後々まで語りぐさになっている出来事だ。

五月二日、ラングーンに連合軍部隊が突入。いよいよビルマ全土が連合軍の統治下に入ったのだった。

置き去られる慰安婦

日本軍はタイに向かって東へ東へと敗走する。砲撃をかわしながら敵に見つからないように逃げるのだ。食べ物も自分で調達するしかなかった。そのようななか、置き去りにされた慰安婦を目撃した人は多い。

第二十八軍で楯師団とともに戦った兵《つわもの》第五十四師団の砲兵だった高橋康明氏が、ペグー山中で目撃した慰安婦の姿を書き記している。四五年六月中旬のことだ。

「筏がほとんど出来上がった頃、対岸の渡河点から賑やかな女性の声が聞こえてきた。絶えて久しい女性の声を、人里を二百キロも離れたペグー山中で聞こうとは、私達は驚いて、筏を作る手を止めて対岸の声のする方を眺めていた。声は女性であったが、服装は全員が軍服を着ていた。

『おい、彼女ら看護婦さんじゃろうか』

私達は、彼女らは陸軍病院の看護婦さんであろう、と思ったのである。彼女等は、肩に雑嚢を掛け、小さな荷物を首に巻き付け、頭に載せている者も何人かいた。彼女等は、二人、三人がてをつないで河に入り、賑やかに喋りながら渡河をはじめた。

水深は中流で彼女等の腰ぐらいあった。先頭の一人が男性で、彼が女性を引率しているらしく、時々振り返って彼女達に何か言いながら歩いていた。女性は総員十一、二名で、次々と流れに入っていた。

引率者の後を歩いていた二人連れが、中流を過ぎた辺りで石塊にでもつまづいたのか、二人が一緒に転がった。見物していた私達は、思わず『オオ』という声が出た。

転がった二人は下流にどんどん流されていった。後に続いていた女達が一斉に『アイゴー、アイゴー』と泣きだした。

流されていた二人は、百メートルほど下流の浅瀬で立ち上がっていた。立ち上がった二人を見て、後続の女達は泣きやんだが、今度は流されていた二人が、声を限りの大声で『アイゴー、アイゴー』と泣き喚《わめ》きだした。

ようやく渡り終わった彼女達は、泣き続けている二人を取り囲んで私達には判らない言葉で、口々に二人に話しかけていた。彼女達は、韓国人慰安婦であったのだ。流されかけた二人は、荷物を全部流失していた。

流されかけた二人は、自分の肉体で稼いだ虎の子の軍票をピュー河の激流に流してしまったのである。一部始終を見ていた私達にも、慰めてやる言葉もなかった。

引率者の男が経営者であったのだろうか、何かと彼女等の面倒を見ていた。彼も韓国人であった。見かけたところ、彼女達は案外元気らしく見えてはいたが、女の足で泥の山道を豪雨に打たれながらここまで来たのは、言語に絶する苦労を重ねたことであろう。」(『ビルマの夕映え・最終編』)

やはり六月末、楯八四一五部隊の兵士だった柴田忠氏はペグー山脈の中で日本人慰安婦に遭遇している。柴田氏はパウンデから山脈越えで東方へ敗走していた。

「なんとかして野菜類をとろうとして、毎日雨の山中を野草を探して歩いたがあまりなかった。ある時私ひとりで野草を探していて日本の女に出くわした。その人も私と同様野草を探していた。全く疲れ切った様子で声をかけてきた。その女は飯盒《はんごう》のかけ盒一パイの米と体を交換してくれと懇願した。もちろん私は拒否したが、この一事でいかに食糧が不足していたかがうかがわれよう。」(前掲書『ビルマの夕映え・続』)

赤ん坊を抱えた日本人の女

柴田氏は七月末にもう一度、慰安婦を目撃している。

「数日してやっとシッタン河の手前一里位のジャングルに到着した。クン河で竹は捨ててしまったので、民家を探して竹を集めてきた。ビルマの家は全部竹でできているため、一軒壊すとかなりの竹がある。しかも乾いているので軽い。各自二、三本ずつ持って渡河点へと出発した。すると間もなく長さ五十M位の細い仮橋のようなものがあり、ここでも落ちて死ぬ者が何人もいるらしい。

その橋の手前で日本の女性が赤ちゃんを抱え、この橋を渡れず途方に暮れていた。もう一日も二日もたっているらしく天幕を張って坐っていた。赤ちゃんを連れているとは、身から出たさびといってしまえばそれまでだが、この姿ほどあわれに思ったことは未だかつて経験しなかった。

何百人、何千人の若者が、何千里離れた異国で、あわれな女性親子の同胞を見て、誰も声一つかけようとしない。人情は完全に地に落ちている。とはいえ、これも極限における人間の本性かもしれない。

…七月三日に舎営地を出発してから約一ヵ月半。山の中では患者輸送と泥ねいに悩まされ、平地に出ては果てしない沼、大きな河。連日の雨、その上敵機、砲、反乱軍、おまけに住民までが敵にまわって日本軍を悩ませた。連日の雨や食糧不足から発熱や栄養失調になる。また足いたになる。こうなると体力は衰え気力もなくなる。こんな者は川ではなく沼地でも足をすくわれてどんどん流される。

こうして流された者とシッタンで流された者は果たしてどちらが多かったのかと思う位であった。そうして七月初め三万六千名いたものが、わずか九千名に減ったのである。二万七千名の戦友はシッタン平原の露と消えたのである。しかも、人間の能力の限界を越えた転進が終わったころは、すでに戦争がすんでいたとは何と皮肉なことだろう。」

この女性と同じ慰安婦なのだろうか、楯八四二三部隊の兵だった白井紹平氏も、赤子を抱えた女性を目撃している。

「……終戦前後昭和二十年七月三十日に、私は雨季で渦巻くシッタン河を徒手にて渡河致しましたが、其の前日の河原付近で三人のピー（慰安婦）とおぼしき女性が雨の最中を、一人の女性が赤子を抱えて食べものと手を合わせて求めていました。何れも髪は断髪、ぼろぼろの兵隊の服装をしていました。併し其の時分には私達兵隊も何日も食べるものもなく、自分達の生命をいぢするのが一生懸命になっていたので、どうする事も出来ず、其の侭《まま》通り過ぎましたが、其の女性

（一見男性のやうでした）達は無事故国に帰れたかどうか、心残りでした。……」（私あてへの手紙、九五年一月）

シッタン河は、敗走する日本軍の兵士たちにとって最大の難関だった。筏を組んで荷物を乗せて泳ぎ渡るのだが、力尽きてしまう場合も多かった。兵士たちはこの激流を「三途の河」と呼んだ。

このころになるとムン・オクチュさんの行動は、もう楯師団との関連では語れない。

アユタヤで迎えた「解放」

ムン・オクチュさんはプロームからラングーン、ベトナムのサイゴン往復と大きく移動しているからだ。ただ、四四年の四月にラングーンにいたのは確かだ。毎年四月に行われる水祭りを見ているからだ。列車に乗ったムン・オクチュさんが水をかけられたのは、その列車に乗ってどこかへ行ったからに違いないのだが、彼女は、どこにいったのか憶えていないという。四五年はラングーンが連合軍に占領される直前なので、四四年と考えるのが妥当だろう。

いずれにしても、それからのちに彼女はタイに逃れて看護婦として働いている。

看護婦をしていたのは「たしかにアユタヤだった」とムン・オクチュさんは言っているが、アユタヤに日赤の看護婦がいた野戦病院の記録はない。九五年二月、私はアユタヤを訪ね、戦時中から長く王立病院長を務めた男性（インタビュー当時九十九歳）にインタビューしたが、彼も「アユタヤには日本軍の病院はなかった」といっていた。壊滅状態であってもなお六月下旬〜七月に策定された「第十八方面軍作戦計画の大綱」の「衛生」の項に、「他の一兵站病院をナコンナヨーク、同分院をコーラートに予定す」とあり、ナコンナヨークはアユタヤに近いので、もしかしたらその可能性はある。

そうして、アユタヤでムン・オクチュさんは「解放」を迎えたのだった。

日本は敗戦した。ビルマ戦線で死んだ日本軍人の数は、合わせて十九万八九九名にのぼった。楯師団の場合をみると、五四〇〇人中生還した兵士は約一六〇〇人だった。

死を免れた日本軍の兵士たちはそれぞれに収容所生活を送ったあと日本に帰国した。

戦後、楯師団の兵士たちは「香川県ビルマ会」という戦友会を組織した。彼らは毎年八月十五日には善通寺市にある真言宗本山善通寺の境内において、しめやかに慰霊祭をとり行っている。そして、軍人恩給や遺族年金の獲得、ビルマへの慰霊団や遺骨収拾団の派遣など、活発な戦後補償運動を展開している。九五年三月には、ビルマで第九回目の「現地慰霊祭」も行った。七〇年には、善通寺の境内に慰霊のためのパゴダを建立している。その碑文は次のとおりである。

頌

太平洋戦争中最も激烈をきわめたビルマ陸海空の戦場で戦没した全国十八万有余の英魂への追悼と慰霊を顕彰してここ総本山善通寺の境内にこのビルマ戦没者慰霊塔を建立する。

われわれ生存者一同はその遺族篤志の者とともに今は亡き戦友の勲功と栄誉を長くたたえてこの場がその安らぎと憩いの浄遊の地となることを心から祈念しよう。

塔内に安置した仏舎利・仏像は現ビルマ連邦共和国議会議長ネ・ウイン将軍から贈られたものである。この法界平等のもとにビルマ独立のために散ったビルマ国の勇士並びに英・

印軍の戦士の霊をもともども合祀して日緬の友好とひいては恒久の世界平和を照覧されんことを願うものである。

永遠の平和と心ゆたかなる

未来願うを見守りたまえ

昭和四十五年八月十五日

香川県　ビ　ル　マ　会

香川県ビルマ英霊顕彰会

この慰霊碑文には、兵士たちと同じように爆撃を受けながら戦地を転々とし、移動途中でさえも、「ここで慰安していってよ」と性行為を強要された慰安婦についての記述がない。それから、やはり一緒に戦ったはずの朝鮮人・台湾人兵士たちについての記述もない。「敵」であった英印軍戦没者を慰霊しているにもかかわらず、である。このことが、戦友会のひとつの体質を物語っているといえよう。

ムン・オクチュさんにとっても、「戦友」たちにとっても、ビルマという国は、生涯にわたってけっして忘れることのできない国であるということにおいて同じであるのに……。

年表　ムン・オクチュさんと日本の戦争　★印

一九一〇	8・22	日本、大韓帝国を併合。朝鮮総督府を設置
一九	3・1	朝鮮全土で3・1独立運動おこる
	4・10	上海に大韓民国臨時政府が樹立される
★**二四**	**4・23**	**ムン・オクチュ大邱に生まれる**
三一	9・18	日本軍柳条溝の満鉄線爆破を口実に軍事行動開始。満州事変始まる
★**三六**		**ムン・オクチュ、大牟田へ（12歳）。翌年、逃げ帰る。**
三七	7・7	盧溝橋で日中両軍が衝突。日中戦争始まる
	12・13	南京占領。このころから中国全土に慰安所が設置される
三八	7・15	張鼓峰で日ソ両軍衝突
三九	5・11	満蒙国境で日本軍と外蒙軍衝突。ソ連軍は外蒙を援助（ノモンハン事件）
	9・1	第2次世界大戦勃発
四〇	2・11	朝鮮総督府が創氏改名を強要（皇民化政策）
	6・24	日本は英国に対しビルマ、香港経由の援蒋物資の停止を申入れ
	8・1	楯師団善通寺で編成される
★	**秋**	**ムン・オクチュ満州（中国東北部）東安省に強制連行される（16歳）**
★**四一**	**秋**	**ムン・オクチュ東安省より逃げ帰る（17歳）**
	11・6	日本軍は南方軍を編成。第十五軍を楯師団と弓師団とで編成する
	12・8	日本軍マレー半島と真珠湾を攻撃し、楯師団もこの作戦に加わる
四二	1・2	日本軍マニラ（フィリピン）占領
	2・15	日本軍シンガポール占領
	3・8	日本軍ラングーン占領
	5・1	日本軍マンダレー（ビルマ）占領
★**四二**	**7・10**	**ムン・オクチュ釜山を出航してビルマに向かう（18歳）**

	四三	1・11	日本軍第1次アキャブ作戦を命令。楯師団アキャブ島へ向かう
★		**3**	**ムン・オクチュも楯師団とともにアキャブへ（18歳）**
	四三	8・1	日本・ビルマ同盟条約調印。ビルマ、バー・モー政府独立宣言
		8・1	朝鮮に徴兵制施行
★		**9月末〜**	**イギリス軍アキャブを連日空襲**
		11・5	大東亜会議を東京で開催（日・比・タイ・満・ビルマ・南京政府参加）
	四四	1・7	日本軍インパール作戦を命令
		2・1	日本軍第2次アキャブ作戦を命令
★		**4**	**ムン・オクチュ、ラングーンで水祭りを見る（19歳）**
		7・8	インパール作戦全員退却命令
		8・4	アメリカ・中国軍ミートキーナ（ビルマ）占領。日本軍一〇〇〇人全滅
		9・7	雲南拉孟の日本軍一四〇〇人全滅
		9・14	雲南騰越の日本軍守備隊一五〇〇人全滅
	四五	5・2	イギリス軍ラングーンを占領
★		**8・15**	**日本、無条件降伏。朝鮮解放。ムン・オクチュはタイで看護婦をしていた（21歳）**
★	**四六**	**春**	**ムン・オクチュ大邱へ帰る（21歳か22歳）**
	四八	1・4	ビルマ民主共和国独立宣言
		8・15	大韓民国樹立
		9・9	朝鮮民主主義人民共和国樹立
	五〇	6・25	朝鮮戦争勃発
	五三	7・27	朝鮮戦争休戦協定成立
	六五	6・22	日韓基本条約、日韓請求権経済協力協定調印
	九〇	11・16	韓国挺身隊問題対策協議会が発足
★	**九一**	**12・2**	**ムン・オクチュ韓国挺身隊問題対策協議会に名乗り出る（67歳）**
	九六	**10・26**	**ムン・オクチュ大邱市で死去**

参考文献

『パゴダに捧ぐ　ビルマの夕映え（続）』香川県ビルマ会
『パゴダに捧ぐ　ビルマの夕映え（最終編）』香川県ビルマ会
『戦史叢書ビルマ攻略作戦・インパール作戦・イラワジ会戦・シッタン・明号作戦』防衛庁防衛研究所戦史室　朝雲出版
『楯ビルマに立つ』大森茂　四国新聞連載
『インパール』高木俊朗　文春文庫
『責任なき戦場インパール』NHK取材班　角川文庫
『日本赤十字社社史稿昭和二年〜昭和二〇年』日本赤十字社
『殉職従軍看護婦追悼記　ほづつのあとに』アンリー・デュナン教育研究所
『続・ほづつのあとに』アンリー・デュナン教育研究所
『日本赤十字従軍看護婦　戦場に捧げた青春』元日赤従軍看護婦の会
『関東軍参謀部』宍倉壽郎　ＰＨＰ研究所
『ビルマ敗戦記』浜田芳久　図書出版社
『東満の兵営と抑留記』関野豊　旺史社
『ビルマ最前線』越智春海　図書出版社
『従軍慰安婦と十五年戦争』西野留美子　明石書店
『証言強制連行された朝鮮人軍慰安婦たち』韓国挺身隊問題対策協議会・挺身隊研究会編　明石書店
『従軍慰安婦』吉見義明　岩波書店
『共同研究日本軍慰安婦』編著　吉見義明　林博史　大月書店
『一億人の昭和史』毎日新聞社
『慰安所・男のホンネ』高崎隆治編　梨の木舎
『祖父たちの戦場』西日本新聞社ビルマ取材班　西日本新聞社
『引揚げと援護三十年の歩み』厚生省
『朝鮮を知る事典』平凡社

資料

資料① 南方軍の組織（一九四一年十二月）

- 大本営
  - 南方軍
    - 南方軍総司令部
    - 第十四軍
      - 第十四軍司令部
      - 第十六師団
      - 第四十八師団
      - 第六十五旅団
    - 第十五軍
      - 第十五軍司令部
      - 第三十三師団
      - 第五十五師団（楯）
        - 師団司令部（長　竹内寛中将）
        - 歩兵団司令部（長　掘井富太郎少将）
        - 歩兵第百十二連隊（長　小原澤幸蔵大佐）
        - 歩兵第百四十三連隊（長　宇野節大佐）
        - 歩兵第百四十四連隊（長　楠瀬正雄大佐）
        - 騎兵第五十五連隊（長　川島吉蔵中佐）
        - 山砲兵第五十五連隊（長　宇賀武大佐）
        - 工兵第五十五連隊（長　外賀猶一中佐）
        - 輜重兵第五十五連隊（長　清治平大佐）
    - 第十六軍
      - 第十六軍司令部
      - 第二師団
      - 混成第五十六歩兵団
    - 第二五軍
      - 第二十五軍司令部
      - 近衛師団
      - 第五師団
      - 第十八師団
      - 第五十六師団
      - 第三戦車団
      - 第十七野戦防空隊
      - 第二十一師団
      - 独立混成第二十一旅団
      - 第三飛行集団（第三・第七・第十二飛行団）
      - 第一挺進団
  - 南海支隊

資料②日本軍がビルマで発行した軍票（軍用手票）

資料③駐屯地慰安所規定

駐屯地慰安所規定

昭和十八年五月二十六日
「マンダレー」駐屯地司令部

目　次

駐屯地慰安所ニ関スル規定

第一章　総則

第一条　本規定ハ駐屯地慰安所ニ関スル必要ナル事項ヲ規定ス

第二条　慰安所ハ日本軍人軍属ニ於テ使用スルヲ本則トスルモ軍人軍属ノ使用ニ支障ヲ与ヘサル限度ニ於テ左記各項ヲ厳守ノ上当分ノ中「マンダレー」在住ノ日本人ハ二四・三〇以降ニ限リ特ニ登楼ヲ許可ス従ツテ二四・三〇以前ニ於ケル立入リハ之ヲ厳禁ス

左　記

1. 軍人軍属ノ遊興ヲ妨害セサルコト
2. 規則ニ違反シ又ハ風紀ヲ紊スカ如キ行為ヲナサヽルコト
3. 登楼時刻以前ニ於ケル予約ヲ厳禁ス
4. 料金ハ総テ将校ノ額トス
5. 前各項ニ違背セル者ニ対シテハ許可証ヲ引上ケ爾後立入ヲ禁止スル外其ノ行為ノ如何ニ據リテハ其ノ商社ハモトヨリ日本人全部ヲ禁止スルコトアルヘシ

但シ奥地等ヨリノ来緩者ニシテ右ノ時間以降ニ登楼シ得サル特別ノ事情アルモノニ限リ日本人会長ハ自己ノ責任ヲ以テ其ノ都度予定時間資格氏名等ヲ記入セル証明書ヲ本人ニ交付シ之ヲ楼主ニ明示スルニ依リ開業時間内適宜登楼スルコトヲ得

第三条　本規定ニ将校トアルハ准士官、見習士官及高等文官同待遇嘱託ニ、又下士官トアルハ判任文官同待遇嘱託同雇員ニ兵トアルハ待遇ヲ定メサル嘱託同雇員及傭人ニ適用ス

第四条　慰安所ニ於ケル軍紀風紀及非違行為ノ取締リハ巡察将校又ハ駐屯地司令部娯楽係将校下士官ヲ以テ行フヲ本則トス

第五条　慰安所使用日ハ下士官兵ニアリテハ各隊外出日トス

第六条　慰安所ニ出入スル下士官兵ハ外出証ヲ有スルモノニ限リ且ツ部隊ノ規定セル部隊標識及階級章ヲ付スルモノトシ慰安所内ニ掲示シアル注意事項ヲ厳守スルモノトス

第七条　慰安所ニ於テ営業者又ハ慰安婦ヨリ不当ノ取扱ヲ受クルカ或ハ金銭等ノ強要ヲ受ケタル場合ハ直チニ其ノ旨ヲ所属隊長ヲ経テ駐屯地司令部ニ報告スルモノトシ如何ナル場合ト雖モ殴打暴行等ノ所為アルヘカラス

第八条　慰安所内ニ於テ規定ヲ履行セサル者ハ直チニ其ノ使用ヲ禁止スルノミナラス駐屯地会報ヲ以テ一般ニ告知シ要スレハ当該部隊ノ使用ヲ一時停止スルコトアリ

第二章　経営

第九条　慰安所ニ於ケル料金ハ軍ノ定ムル軍票ニ依ルモノトシ其ノ他ノ物品ヲ以テナスコトヲ得ス

第十条　慰安所ノ使用時間及ヒ料金ハ別紙第一ニ據ルモ状況ニ依リ変更スルコトアリ

第十一条　慰安所経営者ハ慰安婦室ノ入口並ニ見易キ箇所ニ木札ヲ以テ慰安婦ノ芸名及合不合格ヲ掲示シ置クモノトス

第十二条　設備費及患者ノ治療費ハ総テ経営者ノ負担トスルモ営繕ニ関

スル簡単ナル設備ハ軍ニ於テ実施スルコトアリ

第十三条　経営者ハ其ノ月ノ売上高ヲ翌月五日迄ニ別紙第二ノ様式ニ據リ駐屯地司令部ニ提出スルモノトス

第十四条　貨物廠等ヨリ交付ヲ受クヘキ調味品類其ノ他ノ必需品ハ所要一ケ月前ニ駐屯地司令部ニ請求スルモノトス

第三章　衛生

第十五条　慰安所ニハ必ス消毒所ヲ経営者ニ依リ設置スルモノトス

第十六条　消毒所ノ消毒設備ハ灌水器ニ一万倍ノ過マン剝液ヲ満タシ置クモノトス

第十七条　「サック」（星秘膏）ヲ使用セサル者ハ遊興セシメサルモノトス

第十八条　遊興者及其ノ相方ハ毎回消毒所ニ於テ確実ニ消毒ヲ行フモノトス

第十九条　慰安婦ノ健康ニ就イテハ経営者ハ特ニ注意シ営業開始前慰安婦ヲシテ軍ノ実施スル一般身体検査及局部検査ヲ受ケシムルモノトス

第二十条　毎週一回慰安婦ノ身体検査ヲ実施シ其ノ程度ニ依リ左ノ如ク区分シ其ノ証票ヲ慰安婦ニ所持セシムルモノトス

左　記

合　格　営業ヲ許可セラレタル者

不合格　休業スヘキ者

第二十一条　経営者（慰安婦）ハ軍人軍属ヨリ毎週ノ検査成績ノ提示ヲ要求セラレタル時ハ之ヲ拒ムコトヲ得ス

第四章　雑則及其ノ他

第二十二条　管理部隊ハ別紙第三ノ慰安所注意事項ヲ営業所ニ掲示スルモノトス

第二十三条　慰安婦ノ他出ニ際シテハ経営者ノ証印アル他出証ヲ携行セシムルモノトス

別紙第一

慰安所使用時間及ヒ遊興料金表

区分	時間	遊興時間	遊興料金
兵	自一〇〇〇 至一七〇〇	三十分	一円 五〇
下士官	自一七〇〇 至二一〇〇	四十分	二 〇〇
将校	自二一〇〇 至二四〇〇	五十分	三 〇〇
将校	自二四〇〇 至翌八〇〇	泊リ	八 〇〇
備考	商社関係使用者ハ規定第二条ヲ厳守スルモノトス		

季刊『戦争責任研究』第6号一九九四年冬季号より、林博史氏（関東学院大学助教授）がイギリス戦争博物館で発見したもの。

原簿預払金調書

2~1

● 黒書は預入を、赤書は払いもどしを、また緑書は現在高を示す。

記号	戦りふ	番号	656502
氏名	文原 玉珠		

年 月	日	種別	金 百	十	万	千	百	十	額 円
18 3	6	新規					5	0	0
18年	3月	までの貯金利子							1[15]
7	10						7	0	0
8	15						5	5	0
9	18						9	0	0
10	2						7	8	0
11	6						8	2	0
19 2	12								0[50]
2	16						9	5	0
3	30							8	5
19年	3月	までの貯金利子						7	5[41]
5	18						1	0	0
6	21						8	0	0
20年	3月	までの貯金利子					1	2	1[53]
4	4					5	5	6	0
4	26					5	0	0	0
5	23				1	0	0	0	0
9	29						3	0	0
21年	3月	までの貯金利子					6	4	6[38]
22年	3月	までの貯金利子					6	8	8[77]
23年	3月	までの貯金利子					7	2	8
24年	3月	までの貯金利子					7	5	9[77]
25年	3月	までの貯金利子					7	8	0[14]
26年	3月	までの貯金利子					8	0	1[62]
27年	3月	までの貯金利子					8	2	8[22]
28年	3月	までの貯金利子				1	2	1	5

28.5.18 [illegible]

貯補13号

原簿預払金調書

2~2

● 黒書は預入を、赤書は払いもどしを、また緑書は現在高を示す。

記号	戦りふ	番号	656502
氏名	文原 玉珠		

年 月	日	種別	金 百	十	万	千	百	十	額 円
29年	3月	までの貯金利子				1	2	6	2
30年	3月	までの貯金利子				1	3	1	2
31年	3月	までの貯金利子				1	3	6	5
32年	3月	までの貯金利子				1	4	1	8
33年	3月	までの貯金利子				1	4	7	5
34年	3月	までの貯金利子				1	5	3	2
35年	3月	までの貯金利子				1	5	9	3
36年	3月	までの貯金利子				1	6	5	6
37年	3月	までの貯金利子				1	5	6	6
38年	3月	までの貯金利子				1	6	2	2
39年	3月	までの貯金利子				1	6	8	0
40年	3月	までの貯金利子				1	7	4	0
					5	0	1	0	8

上記は貯金台帳の原本と相違ありません。

平成4年5月11日

熊本貯金事務センター所長

池田濱

貯補13号

資料④ムン・オクチュさんの軍事郵便貯金原簿の調書（郵政省・熊本貯金事務センター保管）

資料⑤　第一二三回国会参議院予算委員会会議録第十三号　一九九二年四月八日
○清水澄子君　この問題はまた他の同僚がやると思います。
　次に、従軍慰安婦問題に移りたいわけですけれども、まず軍事郵便貯金についての扱いをお尋ねしたいと思います。

　まず、現在どれだけの口座があるのか、それから開設数はどれだけあったのか、残高は幾らかということ。
○政府委員（松野春樹君）　軍事郵便貯金と申しますのは、戦地に設けられました野戦郵便局または海軍軍用郵便所でお預かりした貯金ということでありますが、約四百カ所余の開設でございます。
　それから開設地でございますが、例示的に申し上げたいと思うんですが、一部旧地域名も入りますが、中国地域では北京、蘇州、広東その他、それから香港、それから旧オランダ領東インド地域では例えばスマトラ島など、それからビルマ、マライ地域におきましてはクアラルンプールその他、その他ハノイ等にも設置されていたようであります。

　平成三年の三月末の現在高でありますが、口座数が約七十三万口、金額が約二十一億四千九百万円ということになってございます。
○清水澄子君　野戦郵便局の廃局後にとられた預金者保護の措置はどのような経過であったんでしょうか。簡単で結構ですからお答えください。
○政府委員（松野春樹君）　野戦郵便局等が最後に閉鎖されましたのは戦後、昭和二十一年五月まででございますが、終戦直後のインフレーションの助長防止等の理由もあろうかと思うのでありますが二十年の十月以降は支払い制限がなされておりまして、当時の郵政省といたしまして、例えばGHQ等に対しましてその支払いが保証される必要がある旨の要請、その他制限緩和に努力した形跡がございます。
　昭和二十一年以降徐々に支払い制限が緩和されまして、先生御存じかと思いますが昭和二十九年五月には軍事郵便貯金等特別処理法というものが制定されまして支払い制限が解除された経緯があります。また、でき得る範囲で払い戻しの勧奨に努力しております。例えば昭和三十年から三十二年にかけまして、これは対象は国内の住所の判明しておる預金者でありますが、約五十二万人に対しまして利用勧奨状を発送しております。そのうち約二十万人の方から払い戻し等のお申し出があって処理しているという記録が残ってございます。

　ただ、国外に居住されておる方々につきましては、基本的には財産権等に関する国家間の特別取り決めに関する交渉がどうなるかという推移を見守ってきたところでありまして、この軍事郵便貯金の払い戻しについての勧奨など、特段の払い戻しを促すための措置等は行っていなかった模様であるという認識をしております。
○清水澄子君　そうしますと、特に日韓請求権協定に基づく郵政省令第四十三号のいわゆる対象外の地域、例えば台湾、朝鮮民主主義人民共和国、中国等の在住の預金者から請求があれば軍事郵便貯金の払い戻しに応ずるということになるんですか。
○政府委員（松野春樹君）　基本的な考えでございますけれども、先生今御指摘になりました日韓協定のような財産権等に関する特別取り決めが締結されていない地域の方が有する軍事郵便貯金につきましては、日本国内において払い戻しの請求があれば、確定しておる債務という認識を貯金の場合はしておりますので、法的に支払う義務はあると考えています。
　ただ、北朝鮮の場合でありますが、現在、日朝国交正常化交渉によりまして財産権問題等の取り扱いについて協議中でありますので、その成り行きを見守っておるという状況でございます。
○清水澄子君　最近、元慰安婦の文玉珠さんがビルマやタイの前線で軍事郵便の貯金をしたと、その払い戻しのために来日しましたけれども、これは日本の国内法で措置された権利の消滅のもとで結局払い戻しは拒否されたわけです。そうなりますと、文玉珠さんという方は戦争犠牲者の上にもう一つ日韓請求権協定の二重の犠牲者になるわけです。
　郵政大臣は、本来ならばあくまで預金者保護の原則に基づいて行政をやる、その権利を保護しなきゃならない立場だと思いますし、先ほどのお答えの中で払い戻しのために特別の措置はとらなかったということもお聞きしましたけれども、金額もそんなに多くないはずです。せめてそういう方々の払い戻しに応ずるという、預金者保護の原則を何とか守ろうというそういうお立場はございませんでしょうか。
○国務大臣（渡辺秀央君）　お答え申し上げます。
　さきの戦争で大変な辛酸をなめられた元従軍慰安婦の皆様方の心の痛みは察するに余りあるものがございます。

　ただしかし、韓国の方が申し出た軍事郵便貯金に対する権利の問題というのは、郵政省としましては昭和四十年に締結されましたいわゆる日韓協定及び関係法律に沿って対処せざるを得ないのでございまして、これは先ほど来からいろいろ議論の出ているところでございますが、郵政省としてもその域を出ることはできない。御理解をいただきたいと思います。
○清水澄子君　今までにもいっぱいいろんな人たちの人権が非常に侵害されているということが出ていると思うんですけれども、これらは今後やはりどうしてももう一度検討しなければならない問題ではないかと思います。

資料⑥『フクニチ新聞』一九九二年三月三一日付より

「軍事貯金の引き出しを」

元慰安婦の文さん請求

太平洋戦争中、朝鮮半島からだまされてビルマ（ミャンマー）に連れ出され、日本軍の従軍慰安婦にさせられたという韓国女性、文玉珠さん（六七）＝大邱市＝が三十日午前、山口県の下関郵便局を訪れ、戦時中預けていたという「軍事郵便貯金」の引き出しを申し入れた。

同郵便局は「昭和四十年の日韓請求権・経済協力協定などで請求権は消滅した」と説明した上で、中国郵政局に申し出を伝えると回答したが、郵政省は同貯金が専ら軍人・軍属に利用されていたと考えていただけに、困惑している。

文さんは文原吉子の名前で貯金していたというが、軍事郵便貯金の原簿に女性の名前が存在する場合、従軍慰安婦の可能性もあり、従軍慰安婦の実態解明を求める市民らの間からは原簿公表を求める声が強まりそうだ。

文さんによると、貯金は、宴会などでの軍人からのチップを野戦郵便局に預けたもの。当時の金で六千円ぐらいが残っているはず、という。

郵政省によると、原簿は当時、下関貯金支局が管理。現在は熊本貯金事務センターが管理している。

同省は、原簿に文さんの名前があるか確認していないが、文さんからの請求について「軍人や軍属ではないが、（軍隊の）近くにいたので、同貯金を利用したのではないか」と話している。文さんは、従軍慰安婦の実態について証言するため、下関市などに招かれていた。

郵便局で文さんは「この貯金は自分の体で、政府のために働いて稼いだお金。生きている間にどうしても返してほしい」と訴えていた。

軍事郵便貯金を引き出すため、下関郵便局で担当者と話し合う元従軍慰安婦の文玉珠さん（左）＝30日午前

資料⑦『山口新聞』一九九二年五月十三日付より

元従軍慰安婦の軍事郵便貯金

原簿から本人と確認

支払いは拒否

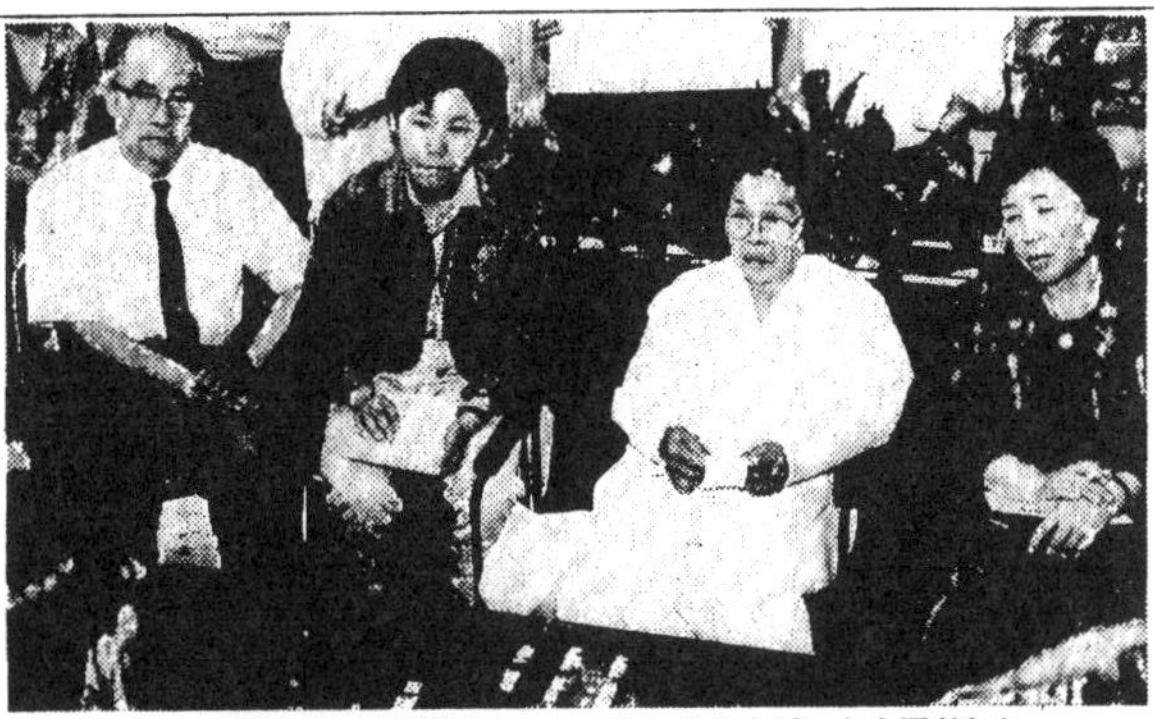

貯金の払い戻しを求める文さん（右から２人目）と支援者たち

従軍慰安婦として被害を受けた韓国人女性、文玉珠さん（ムン・オクジュ）さん（六七）が払い戻しを求めていた軍事郵便貯金の口座が十二日までに、中国郵政局（広島市）の調べで熊本貯金事務センター（熊本市）に保管されている原簿資料から確認された。元従軍慰安婦の同貯金の存在が公にされたのは全国で初めて。しかし、払い戻しの要求に対しては、財産権の消滅を規定した日韓協定などを盾に「応じられない」との姿勢を繰り返した。

文さんと支援者らが十一日、下関郵便局を訪ね、同郵政局側に調査の徹底を迫った結果判明し、当局側も文さんの貯金口座と確認した。

同郵政局は、軍事郵便貯金の資料を集約している同センターに文さん名義の口座保管の有無を照会。「文原玉珠」名義で昭和十八年三月六日に作られたことが分かった。貯金口座は二十年九月まで計十二回の預け入れなどで利用され、元金は二万六千百四十五円。

文さんが、確認の手掛かりの一つとして訴えていた当時の払い戻しも、十九年五月と六月に引き出されたことが記帳されていた。

同郵政局の竹村均・業務サービス課長は「文さんが持参した戸籍謄本などから『文原玉珠』を本人と確認した」と認定。原簿の写しを文さんに渡した。しかし、払い戻しについては、「日韓協定（昭和四十年）などで韓国籍の人の財産権は消滅している」と重ねて拒否し、要望を本省に伝える考えを示した。

同郵政局は、これまでの調査で「類似した名前が原簿にあるが、確認できない」とあいまいな態度を繰り返し、調査の徹底を促された。こうした対応を含め、文さんは「従軍慰安婦という悲惨な生活の中で得た蓄え。個人のお金であり、ぜひ返還してほしい」と憤りを交えて訴えた。

資料⑧『毎日新聞』一九九二年十月二三日付より

軍事郵便貯金の支払い請求

韓国元慰安婦との交渉拒否

下関郵便局「東京で対応」と

第二次大戦中、従軍慰安婦として強制連行されたミャンマー（旧ビルマ）で預けた軍事郵便貯金の支払いを求める韓国・大邱市在住の文玉珠（ムン・オクジュ）さん(六八)らが二十二日、下関郵便局を訪れた。しかし局側はこれまで三回の交渉とは態度を一変。「陳情などは東京の郵政省で対応する」として交渉を拒否した。

文さんらはこの日、これまでの交渉のほか、韓国で慰安婦問題に取り組む「挺身隊問題対策協議会」の調査で新たに判明した二人の軍事郵便貯金の調査を求めようとしたが、局側は書類の受け取りにも応じなかった。

この二人は忠清南道在住でラバウル（パプアニューギニア）に連行された女性(七三)と、ソウル市在住でスマトラ島（インドネシア）に連行された女性(七〇)。

文さんらは「郵政省の通達で貯金の確認は郵便局で取り扱うことになっているのに、受け取らないのは業務を放棄するものだ」と抗議した。

昨年八月に郵政省貯金局から各郵便局長などに出された通達では、軍事郵便貯金の確認、調査の請求があった場合、郵便局が取り次ぐよう明記されている。

また、韓国からのものを含めた一万四千余人の支払いを求める署名も同局側は受け取りを拒否。文さんや支援者らは「貯金原簿の確認で従軍慰安婦の存在が証明される」として、資料公開を渋っている郵政省に対し、引き続き貯金原簿の確認と支払いを求めていく。

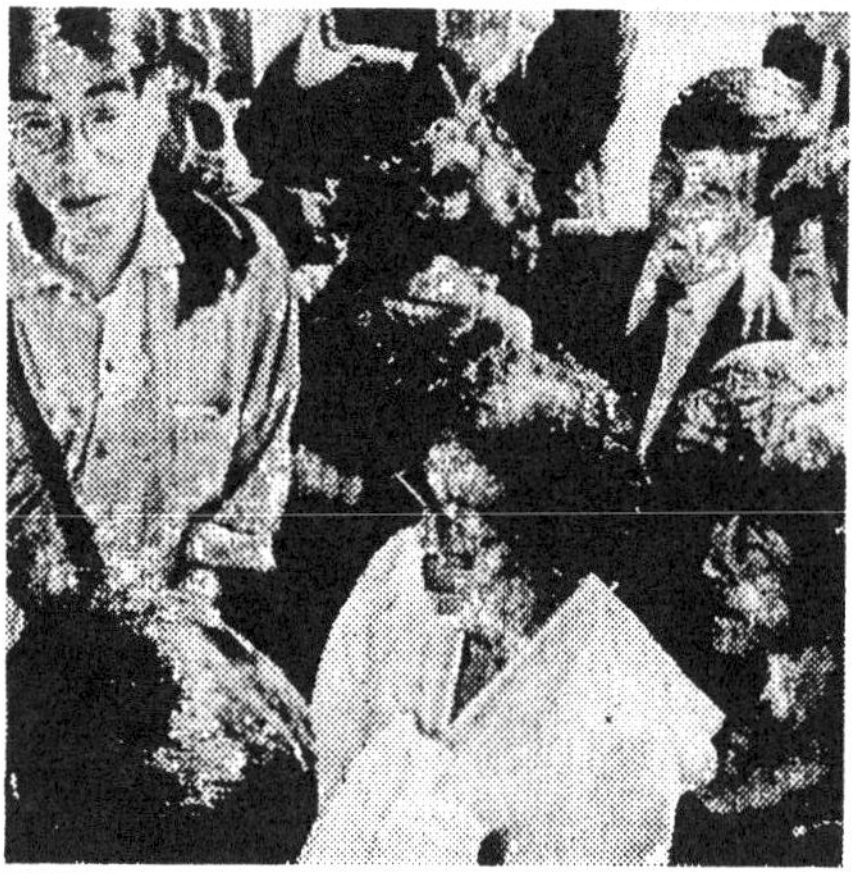

下関郵便局への立ち入りを拒否されるチマ・チョゴリ姿の文さん（中央）＝22日午前10時半

奇兵隊

冷たい門前払い

22日朝の下関郵便局前は物々しい様子だった。局員が十数人、名札を外し、中央のドアを閉鎖して左右の入り口で文玉珠さんらを待ちかまえた。窓口に入れないようにするための人海戦術だ。

やってきた文さんらに局員は「名前は名乗れないが局員です」と答え、あらかじめ用意した「局では対応できない」と書かれた局長名の立て看板で「対応」。日本語で書かれており、もちろん文さんには読めない。

「お客様のご迷惑になります」と対応を拒否する局員に「文さんもお客さんじゃないですか」と怒りの声。局側の「サービス」に「また日本にひどい目にあった」と意気消沈する文さんらの姿が痛々しかった。（油）

あとがき

ムン・オクチュさんの「慰安婦」時代の記憶をはじめて聞いたのは一九九二年三月のことでした。そのとき、まるで映画をみているように、戦争の場面が一つひとつ鮮やかに浮かび上がってくるのに驚きました。

それからの三年半、彼女の物語になんど驚かされたかしれません。

十五歳のときに連行された東安省で一緒だった「友達」五人が、またビルマにも連行されたと聞いたとき、軍法会議にかけられた彼女を救おうと、朝鮮人の「慰安婦」や民間人がラングーン市街をデモ行進したと聞いたとき…。そして、実際に足跡をたどってみて、楯師団兵士の語りや戦記にそっくりなビルマ描写があり、大牟田市中島町に「釜山館」があったとわかったとき…。

彼女の語りを歴史のたしかな証言とするために、可能なかぎり文献を調べ、現地（善通寺市、大牟田市、ラングーン、マンダレー）を訪れて裏付けをとりました。マンダレーでは大邱館は見つからなかったものの三軒の元慰安所の建物が残っているのを確認してきました。裏付けることのできなかったわずかなことについては、解説に述べたとおりです。旧満州の東安省については、慰安所に閉じこめられていたらしく、彼女の記憶そのものが少ないので語られたことも少なく、解説を省きました。

また、いうまでもないことですが、彼女はけっして「慰安婦」代表ではありません。本書は、あくまでも日本植民地下の朝鮮で生まれた一人の女性が、戦争と軍隊の本質ともいえる「女性への暴力」に巻き込まれた、その一聞き書きに過ぎません。

彼女は「慰安婦」を強いた日本国と日本人を直接的に糾弾することはありませんでした。それは私が日本人であることから、彼女がトーンダウンしたためでしょう。実際、彼女の日本人に対するやさしさや気配りは語りのあちこちにも表れていて、なんども「このまま書いていいのか」と思わざるを得ませんでした。

しかし、この心配りこそストレートな糾弾以上に私の胸を打ったことも確かです。

ムン・オクチュさんは、戦時中も「慰安婦」というその境遇に負けず、きっぱりとした愛情をもってまわりの人々と接し、戦争と軍隊を透徹した目で見ています。彼女の半生をきいて、国家や軍隊というものは、敵味方を問わない人間への暴力装置であるということ、しかし、それがいかに狂暴なものであったとしても、私たち人間はそれによってはけっして破壊されないのだ、ということを教えられました。そういう意味で本書が、とくに若い女性たちに勇気を与えてくれることを願っています。

彼女に謝罪と国家賠償をしようとしない日本政府を恥ずかしいと思います。

加害国民に向かってよくぞ話してくださったムン・オクチュさん、語りがいやしにつながることを教えてくださった韓国挺身隊問題対策協議会のキム・シンシル（金信実）さん、通訳をしてくださったチェ・ジン（崔珍）さん、イ・ジョンソン（李貞善）さん、出版を引き受けてくださった梨の木舎の羽田ゆみ子さんに心から感謝します。

一九九六年一月

森川万智子

増補版に寄せて

一九九六年十月二十六日、ムン・オクチュさんは大邱《テグ》市で亡くなりました。七十二歳でした。社団法人大邱女性会（代表イ・ジョンソン氏）などが中心となって大邱市の多くの市民団体が、「市民社会団体葬」を執り行い、手厚く見送りました。彼女はいま、大邱市郊外にある鶴鳴《ハンミョン》公園墓苑に眠っています。

八月に見舞ったとき、彼女はほぼ寝たきりの状態で、一人でいました。たらいに湯を汲み、体を拭いてさしあげたのですが、彼女はこのときも負けん気いっぱいに、「いいですよ」、「もういいですよ」と繰り返したのでした。

ムン・オクチュさんの戦地での貯金はついに支払われないままでした。

ムン・オクチュさんを見送った年の翌九七年五月、わたしはビルマに三度目の調査に入りました。何の伝手もなく、ビルマの言葉も話せないのに、小型のビデオカメラを抱えただけの調査行です。軍事政権下のビルマだったので、長期ビザの取得は難しく、隣国タイへ出国して再度旅行者ビザをとったり、日本への帰国を繰り返したりしながらの、合計十四カ月間の滞在でした。ムン・オクチュさんの言葉を反芻しながら、彼女が慰安婦として連れ歩かされた場所を巡りました。

そして、わたしはムン・オクチュさんの証言をさらに補強することができたのでした。亡くなったばかりのムン・オクチュさんの遺志がわたしを走らせ、この増補版に収録できた成果を得さしめたのだとしか考えられません。

まず、残留兵として関係者にはよく知られていた吉岡徳喜《よしおかのりき》氏にプロームで会うことができました。彼は、ムン・オクチュさんが従軍させられたと同じ楯第五十五師団（八四二〇部隊山砲兵第五十五連隊連隊本部付）の下士官でした。そして、吉岡氏と同じ町に住むビルマ人のウ・サンペ氏にも会うことができました。彼もまた日本軍通訳として楯第五十五師団に所属した兵補だったのですが、慰安所「オトメ」を知っていて、その「オトメ」の建物が現存していることを教えてくれました。政治的混乱が続き、軍事政権下におかれたビルマでは、経済発展が遅れたことで、幸いにも古い建物が残っていたのです。

以上は、九八年にビデオ作品『ビルマに消えた慰安婦たち』で公表していたのですが、今回文章化しました。

吉岡徳喜さんは二〇〇〇年に亡くなり、ウ・サンペ氏は二〇〇三年にはご存命でしたが、その後風の便りに亡くなったと聞きました。

そして、本書の九六年版にはヤマダイチロウという仮名で登場させた人がいます。ムン・オクチュさんが、「ウリホンダミネオ（わたしのホンダミネオ）」と呼ぶほど慕っていた恋人は、弓第三十三師団歩兵第二一三連隊第三大隊、第三機関銃中隊に所属していたホンダミネオさんであり、彼は戦死していたことがわかったので、その経過を書きました。

ムン・オクチュさんの貯金について、その払い戻しを求める行動を支援した者として、その経緯や調べた事柄をまとめました。

ムン・オクチュさんの死後十六年たった二〇一三年に、こんどは韓国で数冊の日記帳の解読が進められました。ビルマで慰安所帳場係をしていた男性（名は朴という姓のみ公表）の日記が慶州の古本屋で眠っていたのを京畿道坡州《パジュ》市の私立博物館「タイムカプセル」が十年ほど前に購入所蔵していたことがわかり、韓国落星台経済研究所を中心とする研究者によって解読され、安秉《アンビョン》直《ジク》氏（ソウル大学名誉教授）が執筆した解題を付して出版されました。日本では、堀和生氏（京都大学大学院経済学研究科教授）と木村幹氏（神戸大学大学院国際協力研究科教授）が監訳したものが、『ビルマ・シンガポールの従軍慰安所』（日本語版仮訳）として公表されており、電子版で読むことができます。それを見ると、慰安所「乙女亭」の主人は松本某氏であり、ラングーンには「ラングーン会館」があったことが記されていて、ムン・オクチュさんの記憶の確かさがさらに証明されたことになります。

今回、これらのムン・オクチュさんに関連する新たにわかった事実を加え、また、いくつかのムン・オクチュさんの記憶違いと私の解説の間違いを訂正して増補版としました。ムン・オクチュさんが九五年までに語ってくれた本文については、書き換えていないことをつけ加えておきます。

ムン・オクチュさんの証言を、わたしは戦争から五十年近くたって聞きました。そしてさらに彼女の死後、彼女の足跡を、ビルマの現地調査と日本での資料調べという形で追いかけたことになります。そして改めて知ったことは、日本軍が戦争を遂行するため、そして軍隊組織を守るために、女性をもっとも蔑んだ形で軍人たちにあてがったのが「慰安婦」制度だったということです。その犠牲者である女性たちの存在を正しく知って、きちんと歴史に残すことは、後に続くわたしたちの責務であると思います。

改めて書きます。日本軍の「正史」たる「戦史叢書」には、戦闘に○○作戦という名称をつけ、誰が作戦を立て、誰が指揮をし、どのような装備で、どのように作戦を展開し、敵を何人殺戮・負傷させ、戦車や大砲を何門破壊したか、日本軍には、どのような損害があったかが詳述されています。かの地で戦死した日本軍将兵は十九万八九九名と記されています。けれども、軍とともに戦地を転々と移動させられ、軍人たちと同様に戦火に追われて命を落とした「慰安婦」のことは――それとわからないような形で「婦女子」などの記載はあるものの――「慰安婦」を何千名従軍させたとは、記されていないのです。戦後、ムン・オクチュさんが沈黙を守っていた一九六〇年代から八〇年代に、兵士たちが書いた戦記や戦友会誌には多くの「慰安婦」が戦地に存在したことが記されているにもかかわらず……。

本書を音楽の才豊かで、賢くて、負けん気が強くて、一所懸命で、弱いものにやさしかった亡きムン・オクチュさんと、被害にあっていながらその苦しい記憶を証明することのできない、あるいは証明することができないまま逝ってしまわれたすべての元慰安婦の女性たちに捧げます。

森川万智子

二〇一五年三月

増補版解説

ビルマ現地調査（一九九七年五月〜九八年九月）

プローム（ピイ Pyay）にて

ムン・オクチュさんがプロームとして覚えていた地名は、現在はピイと呼ばれている。プロームはビルマを縦断して流れる大河エーヤワディに沿うバゴー管区第二の都市で、昔からこの地方の産物が集積する商業都市として栄えた。紀元前から存在したが滅びてしまったというピュー王朝の遺跡もある。ここを境にして南の平野は米作地帯であり、北の乾燥地帯ではキビ砂糖や綿花が栽培される。交通の要所であり、エーヤワディ河の西方にはアラカン山脈がそびえる。敗戦後捕虜となった日本軍将兵が整備したという道路をたどって山を越えるとインド洋に面するタンガップに至ることになる。エナンジョンという油田にも近い。日本軍も、ここを兵士や軍需物資の兵站として使っていた。

戦後のビルマを研究している日本人なら誰でも知っているといわれる「残留兵」吉岡徳喜氏がプロームにいると聞いてさっそく訪ねた。吉岡徳喜氏は一九一二年一月二四日生まれで、インタビュー当時八五歳。彼もまた戦争に翻弄された人生を送ったひとであった。何を質問しても躊躇することなく話す彼は、ご自身のこと、戦争のこと、そして慰安所や「慰安婦」のことを次々と話してくれた。日本人旅行者が訪ねると喜んで戦争中の話をしたというから、繰り返し話された内容なのだと思われる。以下は二日半にわたってお聞きした話の抜粋である。

「軍隊に初めて所属したのは補充兵としてで、大阪で編成された第四師団の自動車部隊だった。中国戦線を転々として、一度除隊したものの再度召集された。今度は善通寺の第五十五（楯）師団の山砲兵第五十五連隊に配属となった。そして連隊本部付の独立自動車部隊の一員としてインドシナを経由してビルマに来た。戦闘部隊ではなかったので、危険な目には比較的遭わなかったが、戦闘機から追い回されて銃撃されたり、一緒にタバコを吸っていた戦友がふと見ると死に絶えていたりした」

「ここプロームで下士官として任務に就いていたとき、憲兵隊から、スパイ容疑の女を取り調べるよう命令された。その女はたいへんに賢い女で、子どもを育てながら日本軍に野菜を売る御用商人をしていた。ビルマでは、女性と親しく話をするには、その女性と結婚しなければならないということで、まぁ、そういうことになった。やがて女の子が生まれた。しかし日本は戦争に負けた。捕虜収容所はラングーンにあったが、収容所が分散された先が偶然にもプロームで、妻に再会できた。一年ほどして日本に引き揚げることになったが、娘が可愛らしくて別れることができず、船に乗らずに残留した。連隊長の許可をもらっての残留だった」

「最初の召集では補充兵として北支（華北）、中支（華中）のいろいろなところへ行った。

徐州、青島、それから満州にも行った。ノモンハン事件のときにはハイラルにも行った」

「そして一度除隊してから、またインドシナを経由してビルマにきた。兵隊というのは、誰も好きで兵隊になったのではない。こんなところに、誰も来たくて来たのでもない。強制的だった。人生をムチャクチャにされた。二四歳から三五歳まで戦争だったのだからね……。人生の一番いいときだったのだからね……」

「慰安所というのはどこにもあった。中国ではものすごく多かった。インドチャイナ（インドシナ）のベトナム、カンボジアにもようけ（多く）あった。戦争中はここ（プローム）にも慰安婦はようけ来た。パウンデ、パトン、プロームの河向うにもあった。

部隊がつくった慰安所もあった。ひとつ慰安所をつくろうじゃないか、ということになって、それぞれの部隊で適当につくったのじゃないか。わたしもイエジーというところで、将校からいわれてつくったことがある。それは、インパールから引き揚げて、このプロームからレバタンに行き、それからイエジーに行ったときのこと。一時的なことだったから、そんなに長くはなかったが、募集して、医務室に医者がいるので検査して、管理は民間人にやらせた。募集するのはわたしがやった。女を調べて、病気がなかったら（慰安婦にしても）いい。ビルマ人とカレン人の女性四、五人を集めて……。もともとそういう商売をしていた人だったろう。ちょっとおかしい、病気のあるひとは雇わなかった」

「退却しているときでも、男はあの方面には汚いからねぇ。ここに慰安婦はおらんかといって……、ビルマ人を連れてきて。ちょっとみてくれ、ちょっとみてくれ、といって……。（両足を広げながら）そとからみたら腫れていたりしてわかるので、みてやったりもした。

部隊がペグー山脈からタイ国のほうへ退却するときも、私たちと前後して慰安婦を引率しておった隊もあった。四〇～五〇人じゃきかんほどいた。

シッタン河（注：数千人の日本将兵が命を落とした急流で、「三途の河」とか「魔の河」とかと呼ばれた）の流れにどうなったか……。向う側に渡って捕虜収容所に着いたときには一人もいなかった。（日本軍に同行せずに）ビルマ人と結婚したひともあるのではないか」

「慰安婦はおもに朝鮮人だった。（注：「それはオトメといいませんでしたか」という問いに対して、記憶の糸を手繰り寄せるようにして）オトメといったような気がする。わたしはビルマ中をまわったので、どこだったかよく覚えていない」

「プロームには中国人の（慰安所）が、あったことはあった。ここの慰安所で働いていたアイオンという娘は、慰安婦ではなく下働きをしていたが、軍が退却してもここに残った。潮時と思ったのではないだろうか。中国人の桶屋と結婚して、その連れ子を二人育てていた。アイオンには子どもは生まれなかった。わたしのことをにいさん、にいさんと呼んでいた。何度もこの家にきたことがある」

「部隊で慰安所を管理していたのは兵站官というか、主計だ。慰安所をつくるときは主計と一緒に行動した。日本人の慰安婦が来ていたのは将校用だった。わたしは頼まれて将校に（専属慰安婦を）世話してやったこともある。わたし自身は、慰安所に行くことはあまり好きではない。趣味じゃない。

人情的に考えるとできないことが戦争中にはあった。ビルマでは日本が中国でやったようなことはできなかった」

「わたしは中国でも住民をだいぶん助けてやった。攻撃しているときに、窓から逃げようとして、ようでない女の子がおったが、わたしはそれを出してやった。その娘を父母のところに連れて行ってやったりした。ビルマでこうして安穏に暮らすことができるのは、わたしが悪いことをしなかったからだ」

「しかし、強制的にはできなかったが、強姦しているときに見つかってやられた（殺された）兵隊もおった。退却中のカレン人の部落のなかで、部隊が二日とか、三日とか、小休止していたときのこと。そこで女をやって、殺されたことがあった。死んだひと（兵士）はほったらかしだった。普通は埋めるのだけれど……。まぁ、戦争の話というのはムチャクチャで、実際に見た者でないとわからないだろう」

「強制的に慰安婦をさせたのは事実だ。軍隊が国の命令でやったことだ。国の命令でなかったらできるはずがない。わたしたちは外出証をだしてやったのだから。サック（コンドーム）は、金の出し入れをしている主計がくれる。慰安婦たちは何もわからんときに仕事があるといって連れてこられて気の毒だ。兵隊が無理をさせたこともあるし……。朝鮮人、朝鮮人じゃというてバカにするな、天皇陛下は同じじゃないか、俺たちも天皇陛下のために来とる、といっているのを何回も聞いたことがある。戦争というもの、戦争したのが間違いなのだから……」

戦後、吉岡徳喜氏は自動車修理をしていたという戦前の経歴を生かして「Japan Machinery Work Shop」という機械工場を設立した。子ども用の三輪車を作ったのが売れたことから道が開けた。そしてウ・オンカ（U Aung Kha）というビルマ名を名乗った。工夫して製作した脱穀機がビルマの特許を取得して成功する。そして同じような境遇の残留兵やその遺児を雇ったり、面倒をみたりして、日本人リーダーとしても活躍する。六〇年代にはいり、日本国内で二〇〇〇を超えて結成されたビルマ戦線関連の戦友会が、その組織力によって日本政府を動かしてビルマに眠る日本軍将兵の遺骨収集事業を始めると、全力でそれを支援した。吉岡氏は、戦友会から招かれて七九年に一度だけ帰国したが、ビルマに戻ってからは二度と日本には帰らなかった。「自分の生きる場はビルマだと決めた。帰りたいとは思わない。ここにいて、日本から支給される軍人恩給で生活しているので、それで充分だ」とさばさばした表情で語った。

吉岡徳喜氏宅から徒歩一分という近所にプロームで一番大きなパン屋がある。そこが元日本軍通訳のウ・サンペ（U Sampe）氏の経営するパン屋である。

このウ・サンペ氏こそ、慰安所「オトメ」を知っていたひとであった。

初対面の挨拶で、日本軍が連れて来た女性たちを知っていたら教えてほしい、と切り出すと、こちらの話が終わらないうちに、「オトメというグループがプロームに来ていた」と言うので、わたしは大慌てでビデオカメラをセットしたのだった。

ウ・サンペ氏は一九二四年十一月三十日、ビルマ第二の都市マンダレーから北へ二〇マイル（三二キロメートル）ほどのマダヤ生まれ。インタビュー当時七二歳。彼もまたムン・オクチュ

吉岡徳喜氏
ビルマに残留した元日本軍楯五十五師団の下士官

さんを連行した楯第五十五師団（八四一八部隊）で一〇代のときから通訳として働いた。マダヤに楯八四一八部隊が進駐してきたとき、それは一九四二年三月のこと。日本軍の弓第三十三師団と楯第五十五師団が破竹の勢いでタイからビルマに進軍したときで、ビルマの青年たちは植民者である英印軍と戦っている日本軍に協力して、さかんに義勇軍に参加していったという情勢下でのことだ。各地に暫定行政委員会（The Interim Administrative Committee）が組織され、ビルマは独立の気運に満ちていた。サンペ少年も日本軍に協力するようになった。日本軍は宣撫工作として日本語教室を各地で開いていた。

サンペ少年はその名のために、兵士たちがこぞって親しみをもち、「さんぺい、さんぺい」と呼んで、弟のように可愛がられた。素直で賢明なサンペ少年はまたたくうちに日本語を流暢に話せるようになり、通訳の仕事を与えられた。その名残だろう、彼はインタビュー当時も、「わたくしは……であります」というような軍隊式・四国なまりの日本語を話した。

彼は、楯師団のいくつかの部隊に従軍したそうで、マダヤからアキャブ、プロームと転戦し、けんめいに働いた。やがて戦況が逆転して四五年初頭、敗色濃い日本軍が英印軍の空爆を逃れてペグー山脈に籠ったときにも最後までともに行動しようとしていたが、「もうここまででいいから帰れ」と命令され、楯第五十五師団と別れたのだそうだ。

戦後は、ウ・ヌー（U Nu）政権時（一九四八年一月～五六年六月、五七年二

ウ・サンペ氏
楯五十五師団に日本軍通訳として所属した元兵捕

月〜五八年一〇月、六〇年四月〜六二年三月のどの時期か不明）には政府の役人として働いた。六〇年代になると、さかんにビルマを訪れるようになった旧日本軍人への世話を、あるいは遺骨収集への協力を惜しまなかった。七八年には「楯師団」の戦友会が彼に感謝し、全国的に募金を集めて「研修生」の名目で日本に招き、約一年間、四国を中心に全国をまわって「戦友」たちとの交流を深めるという旅をプレゼントしている。

生業となったパンを焼く技術は、そのとき日本で研修生として習得したのだという。また彼は、「戦友が連れて行ってくれた四国のどこかの町の、地名は覚えていないが、ある酒場は、元日本人慰安婦だった女性が経営していた。そこは戦友会のたまり場だった」という逸話も話してくれた。インタビュー当時も「戦友」たちとの親交は厚く、プロームとマンダレーを結ぶ国道に、日本軍人はそれを「神社（靖国）街道」と呼んでいたそうであるが、日本語で「慰霊碑」と書かれた碑を彼自身の発案と資金で建立していた。

ウ・サンペ氏からは、現存する「オトメ」の建物を教えられた。

ムン・オクチュさんのいた慰安所「オトメ」は一九九七年現在、ペグー管区警察官舎となっていた。プローム警察署長の許可をもらい、制服警官一名、私服警官二名の立会いのもとに撮影した。隣家も慰安所「オトメ」として使われていたそうだが、留守で撮影許可が得られなかった。

ウ・サンペ氏は、「オトメ」をグループ名だと記憶していた。

彼の発言はこのようだった。

「このプロームには慰安所が一つあった。オトメとか何とかいうグループが来ていた。オトメのグループの一人とは、私が郵便を運んで（アキャブとタンガップを）行ったり来たりしていたとき、アキャブから帰ってくるときに一緒に船に乗ったことがある。まわりの日本兵たちが、おまえたちは夫婦か、と冗談を言って冷やかしたものだ。オトメから部隊に野菜をとりに来ていた。慰安所の野菜は部隊がくれるから……」

「オトメの慰安所は、マダヤにもタンガップにもあった。オトメは朝鮮人のグループだった。また、わたしが憲兵隊で働くことになってアキャブを離れるとき、下士官たちが送別会を開いてくれたことがあるが、そのときオトメの慰安婦が二人きて、『支那の夜』をうたってくれた」

「警察や村長にいって、ビルマ人の慰安婦を出させたこともあったが、それは朝鮮人がくるまでの短い間だった。普通の女性をつかまえるのではなくて、そういうことを（仕事として）やっていたひとにやらせた。マダヤにあったビルマ人の慰安所は一ヵ月くらいだけだった。ペグーの山にはいるとき（注：九六年版一九一ページ「置き去られる慰安婦」の項参照）は、軍服を着せて、七、八名に一人、下士官くらいの兵隊をつけていた」

「わたしはペグーの山で、もうここまででいいから帰れ、と言われて日本軍と別れた」

「わたしが知っている慰安所はほかにシュエダウン、パダウンにあった。

隣同士にあったプロームのオトメ慰安所

シュエダウンでは、日本の兵隊さんと結婚して子どもを産んだひともいる。一度（一〇年ほど前）、その日本兵が訪ねてきたが、女性も子どももラングーンに行っていて留守だったので、持ってきた土産を、まわりのひとにみな配って帰っていった。ある大尉は一五〜一六歳の女性との間に子どもができた。おなかの大きくなったその女性は、そのことをわかったうえで承知したわたしの友だちと結婚した。生まれた子どもが二五歳くらいになったとき、その大尉が日本からさがしにきた。女性がわたしに、『会ったほうがいいか、会わないほうがいいか』と相談にきたので、『自分で決めなさい』と言ったことがある。その女性は結局会わなかった」

マダヤへ

さて、ウ・サンペ氏は、「オトメの慰安所はマダヤにもタンガップにもあった」と語った。

私はマダヤを訪ねた。それまでに何度も訪れていたマンダレーからマダヤへは車で一時間足らず。マダヤは田舎町だった。ウ・サンペ氏が教えてくれた道順にしたがって、公設市場を通り過ぎてすすむと、日本の兵団が駐屯した寺院があった。レンガを積み上げて漆喰を塗った建物は、連合国軍の空爆で崩れ落ちたままの姿をさらしていた。

近隣の老人たちに尋ねると、慰安婦の女性たちのことをよく覚えていて、すぐに慰

安所の建物を教えてくれた。それはレンガに漆喰の大きな造りで、ムン・オクチュさんの証言（「庭つきの大きな木造民家」）とは違っているが、「ほかにも女性たちのいた家があったが、現存していない」とのことだったので、ムンさんがいたのは別の建物だったのだろう。また、ムン・オクチュさんが、「近くに池があった」といっていたことを思い出して尋ねると、すぐ近くだと教えられた。行ってみると、濁流の多いビルマでは珍しく、清水の流れる川がせき止められていて、向う岸まで七、八メートルほどの池になっている。三人の女性たちが洗濯をしていて、子どもが一人泳いでいる。「慰安婦」の女性たちがにぎやかに洗濯する姿が浮かんできた。ムン・オクチュさんが語っていたのはこの池に違いないと思った。ビルマには五カ月間も雨の降り続く雨季があるので、雨季にはこの池が大きくなることも十分に考えられる。

慰安所のことをよく憶えていた老人のひとりは、突然大声で次のような歌をうたった。

〽セインチノセインチ　レンユベセテ
ジャパンジガ　ピドゥピャン　バイタロネチャン

日本語にすればつぎの通りである。

〽セインチ、セインチ（女性の名）は　今になって困っているよ
日本人が帰っていったあと　（妊娠で）おなかが大きくなっているから

私は、ムン・オクチュさんが「マンダレー」と記憶していた、ビルマ到着後最初に連行され

マダヤのオトナ慰安所（右）
1階内部（左）　→

た地名は、もしかしたらマダヤであったのではないかと推察するようになった。

ウ・サンペ氏が「オトメの慰安所はマダヤにもタンガップにもあった」と話してくれたからだが、ほかにも理由はある。

マンダレーは、日本でいえば京都のような、コンバウン朝の王都であった旧都だ。街の中心に、池に囲まれた流麗な正方形の王城があり、周辺は碁盤の目のように整備された街並みをもっている。もし、ムン・オクチュさんがマンダレーに行ったのだとしたら、その大きな王城や古都のたたずまいが記憶に残らないはずがない。

ただし、第五十五師団司令部の移動は、「昭和十七年五月よりマンダレー王城南側地区に駐留、（略）昭和十八年一月初、アキャブ方面の戦況急を告げ師団はこの方面に前進を命ぜられる。部隊はプローム、タンガップを経てアキャブに前進。」となっているので、マンダレーである可能性はある。

果たしてムン・オクチュさんは、マンダレーの壮大な王城を見なかったのだろうか。彼女は王城については、

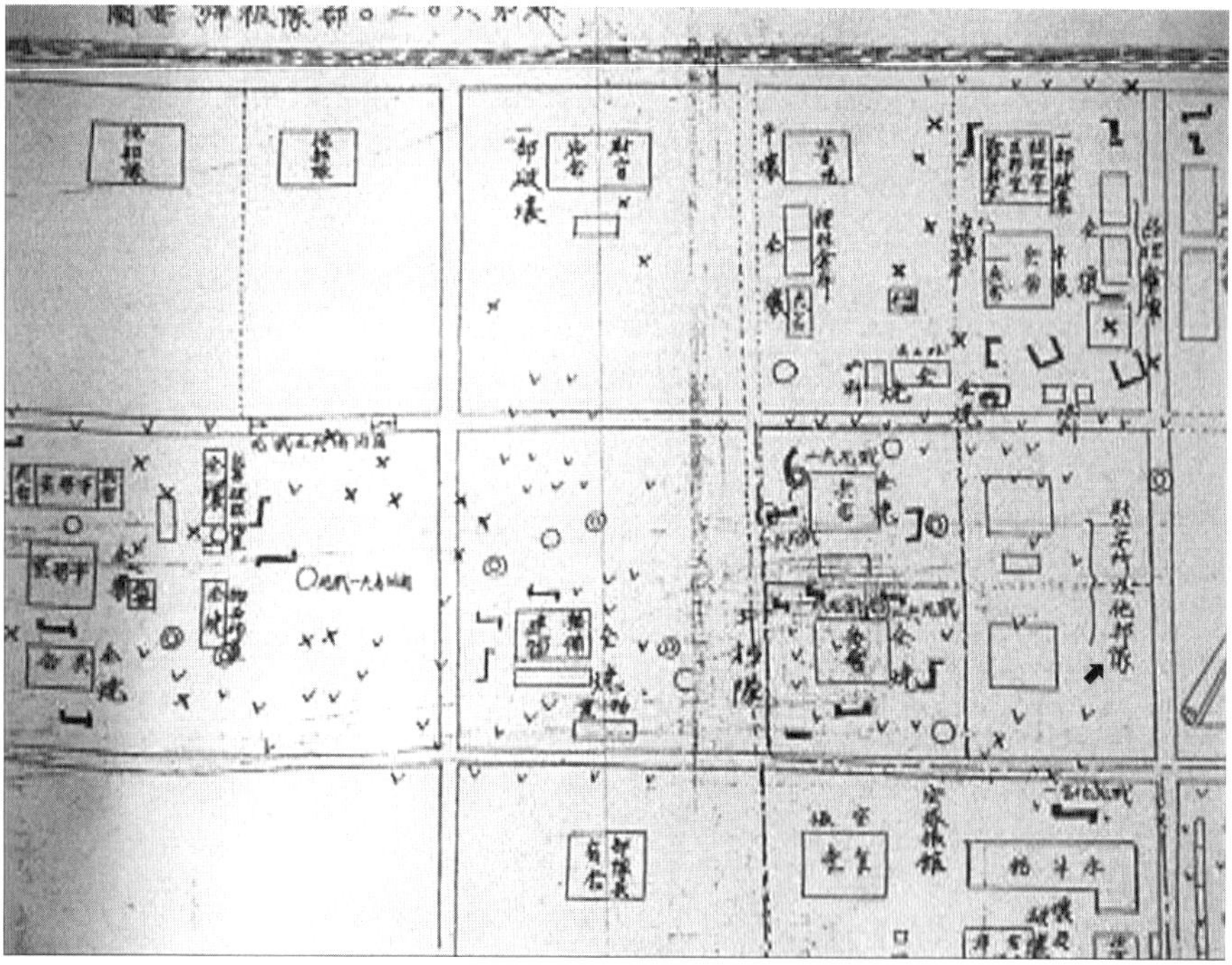

話してくれなかった。防衛研究所図書館などで見つかった資料には、王城のそばで日本軍が使っていた建物群の中心部にさえ慰安所が何軒も立ち並んでいたのだったが。

タンガップへ

ウ・サンペ氏はまた、タンガップにもオトメの慰安所があったと話した。

私はウ・サンペ氏宅を三度目に訪れたとき、頼んでタンガップに案内してもらった。九七年十一月、雨期明けのアラカン山脈越えである。

朝六時前にプロームを出発した。開通したばかりのナワーレ橋を走ってエーヤワディ河を越えた。河向うの町はホーシーピンで、すぐに大きな十字路にでる。右に行けば北方のモニワ、左に進めばバセイン、目指すタンガップは直進だ。一〇分もすると山路となる。道沿いには村があって、どの村の入口にも一人がやっと入れるほどの小屋があり、通過するときには日本円にすると二〇～三〇円ほどの通行税のようなものを支払う。郡の境なのか、県の境なのかわからないが、一度はパスポートをチェックされた。ビルマでは国民の移動が管理下におかれているので、国内にもイミグレーション事務所がある。

ウ・サンペ氏は、村を通り抜けるたびに、「この村の名は、日本語で言うと『茶碗が割れた場所』」とか、「ここは『木が折れた所』」、「ここは『水の湧く場所』」などと訳してくれる。

しばらく山道を登って行くと、道端に二、三軒ずつの家があるのみとなる。道は舗装がしてある。道幅は自動車一台がやっと通るだけだけれど、ところどころで二台が離合できるほどに拡幅されている。吉岡徳喜氏が「あれは日本軍がつくった道だ」と言っていたので、ウ・サンペ氏に

被弾図「マンダレー市東側（王城南及び北側地区）一帯」森第6020部隊（右端中段に慰安所及他部隊 ⬈ とある。）
防衛省防衛研究所図書館蔵

確かめると、「それは違う。この道は、お釈迦様が生きていた時代にアラカンにはすでにパゴダがあったのだから、昔むかしの王様がつくった。日本軍が使っていたころは幅六尺（約二メートル）の土の道だったけれど、戦争に負けて捕虜になったので日本の兵隊さんが幅も広く、舗装工事もやってくれた」ということだった。

一時間ほど走ったところで、ゾウ二頭に出くわした。背中にそれぞれ男性を乗せてのそのそと歩いている。手綱は鎖だ。一頭には長い牙が生えている。そばで見ると、やはり大きい。ここは平坦な土地で、二〇〜三〇軒ほどの集落ができているらしい。どの家にも子どもがいて、高い声が響いている。道からぐるりを見渡すと、孟宗竹ほどの太さの竹林がみえる。道路のそこここには、その竹を縦横に編んで作った半畳ほどの柵を並べ立てて売っている。民家もぜんぶ、柱だけが木で、あとは塀も、壁も、屋根も編んだ竹製。床も竹という簡素なものだ。借りたトイレも竹製の高床式で心細かった。竹がここの特産品らしい。

だけど不思議だ。このような山中で女性たちが美しい服装をし、真っ黒な髪を束ねて長く垂らしている。労働着ではなく晴れ着を着ているようだ。小さな子どもは粗末な服でお尻を出したまま走りまわっているのに……。村の名はヨーンジュ村。

また登り坂をいくつも越えて一時間ほど走る。両側が絶壁となった尾根を走っている。こわいけれど絶景だ。山が遠くまで連なっている。そうしていると、山道なのに蝶が目につくようになった。大小の蝶が飛んだり、土手の壁面にとまっていたりする。きらきらと羽が光っている。黒っぽい紫色、白、黄色、白に黒い斑点、茶色の羽で縁に白い模様、目の覚めるようなオレンジ色、グレーに白の斑模様……。道の右側には無人野菜スタンドがあって、竹籠に太い胡瓜が盛られている。

私の胸にムン・オクチュさんの声が蘇ってきた。

「アラカン山脈を超えたよ。〽大命いっかを　御旗をすすめ　アラカン山脈　うち越えて　あぁきたぞ　よろこべ　アキャブよ……」

「山の中に瓜畑があった。見張り小屋があって、中にはハルモニ（おばあさん）が三人ほどおったが、そのうちの一人が、わたしたちが朝鮮語で話しているのを聞いて突然泣きはじめた。身振りでさかんに『わたしもあなたたちと同じだ』と言うたですよ。もうしゃべれなくなってしまったけど、あんたたちの話しているのはわたしの国の言葉だ、といって泣いたです……」

「目が覚めるような鮮やかで美しいチョウが飛んでね、サルがするするとバナナの木に登って、じょうずに実をもぎ、皮をむいて食べていた……」

ムン・オクチュさんも越えたアラカン山脈が目の前にあった。

一日中陽が射さないかもしれない木陰の崖にはピンクの花が背を高くして咲き、また別の花は、黄色の花芯を中心にして、そこからハート形に二枚の真っ白な花弁をだして可憐に咲いている。シオンのような薄紫の小さな花は日陰にあり、オクラにそっくりな花で葉は芙蓉のようなのは陽に向かっている。ヒバリのようにピーピーとにぎやかに鳴く鳥やキーンと機械音をだすセミが、あたりの静寂をやぶっていた。

山頂通過は昼になるころ。建物はない。舗装道路には先日まで続いた激しい雨が穴をあけ、砂利道は土砂が洗い流されてとがった石が突き出ている。お尻が痛くなったのも無理はない。車が悪路を、穴や石を避けながらゆっくりと走っていると、やがて下り坂に入る。

午後一時、どうやら下りきったと思ったら、田んぼが見えた。稲が実っている。田んぼでは、女たちが四人一列に並んでいて、何をしているのかと聞くと、シラミを取り合っているのだった。

やがてタンガップの街に到着した。

インド洋に面し、背後にアラカン山脈を背負う交通の要所である。

私は、昼食のために入った食堂でさっそく慰安所さがしを始めた。食堂の主の父親は七九歳だったが、「知らない」という。次に米屋で六五歳の女性に聞いたが、やはり答えは、「知らない」。私が焦っていても、ウ・サンペ氏は積極的に通訳してくれる気配さえなく、どっかとすわり続けている。べつの場所に案内しようともしない。彼は慰安所の建物を覚えているはずなのに……。

私一人では何もできないのはわかっているはずなのに……。

せっかく来たのに、と思ったが、仕方がない。プロームに帰ることにする。日帰り旅の手配しかしていない。

三時前、タンガップを出発し、下ってきた道を登る。

五時を過ぎると、空が夕焼けになる。道の左側は空全体が茜色に染まり、右側は薄青ネズミの薄暮。空が広いので、日が西に沈むのがよくわかった。車が点灯する。

八時半、たぶんゾウのいた村だと思うが、食堂のある村に到着する。夕食休憩。星が満天に輝く。天の川もみえる。星の数は、日本で見る星の三倍はあるだろう。もちろんこの山中に電気はない。ローソクの灯が頼りだ。ここでラム酒を一瓶買ったウ・サンペ氏は車中で飲み始める。
そして、わたしに向かって話しはじめた。

「アキャブから（プロームに）戻れという命令がでたとき、下士官たちが送別会を開いてくれました。慰安婦が二人きて歌をうたってくれました。『支那の夜』をうたってくれました。わたくしもムンさんと会いたかったねぇ。あんたは、日本軍の悪いところをどうして本に書きますか。戦友たちのことを悪くいうあんたを、わたくしは理解できない。あの女たちも兵隊を喜ばせるために来ておりました。慰安婦たちは喜んで仕事をしていました」

彼がタンガップでの慰安所さがしに消極的、いや、非協力的だったわけがわかった気がした。
私は彼に、ムン・オクチュさんが話したとおりを話した。

「ムンさんは、『兵隊さんもかわいそうだったですよ。妻や子どものことを思い出して泣いていた。だからわたしも一生懸命に兵隊さんたちを喜ばせた』『若い兵隊さんで、ひざ小僧を抱えて黙って部屋の隅にいたりするのは、上官から殴られたりしてよほど悲しいか、金がないのだから、わたしが酒を飲ませてあげたですよ』っていって同情していましたよ。でも戦争が終わってからのことが、兵隊さんたちと慰安婦たちは違うのです。日本の兵隊さんたちは、国のために働いたことを誇りに思って、戦友会をつくって堂々と国に軍人恩給を要求する運動を続けてきたでしょう。政府を動かして慰霊祭をしたり、遺骨収拾をしたりしたでしょう。ムンさんたちは反対です。戦争中のことを隠して生きてこなければならなかった。戦友会の人たちは、『慰安婦は金儲けをしていた』『あれは商売だった』『金がほしくて今ごろ出てきたのだ』といって、慰安婦の女性たちを、今になっても何度も傷つけているでしょう」

ウ・サンペ氏は、「うーむ、ムンさんはそう言いましたか。わたくしは心が変わってきました。あんたはこれまで、わたくしにそんな話はしてくれなかったから」といった。ラム酒の瓶は三分の一ほど減っていた。酔いがまわってきた彼は、私に、さかんに『支那の夜』をうたえと頼んだ。わたしはうろ覚えの『支那の夜』を必死でうたった。それから『夕焼け小焼け』や『二人は若い』を……。軍歌もリクエストされたのだったが、私は軍歌を知らない。私は、天性の歌い手だったムン・オクチュさんも『支那の夜』をうたっていたことを教えた。

シュエダウンにある慰安所建物。2Fに落書きが残っている。

「わたくしは、あんたとたくさん話がしたい。仏教の話をしたいけど、日本語の仏教の言葉を知らないからできない。このつぎにあんたが来るときには、わかるように勉強しておくから……」

敬虔な仏教徒のウ・サンペ氏はそう言った。私は、どうやら彼と和解できたようだった。

私はその後も二度タンガップを訪れたが、結局、タンガップでは慰安所の建物を確認することはできなかった。

シュエダウンにて

ウ・サンペ氏がやはり案内してくれたシュエダウンにも女性たちの大きな痕跡が残っていた。

シュエダウンはプロームから南へ自動車で四〇分ほどの所にあり、ビルマで唯一という眼鏡をかけた仏像と「シュエダウンロンジー」と呼ばれる綿織物で有名である。日本軍がビルマに攻め入った当初、弓第三十三師団によって大きな戦闘が行われ、その戦闘で日本軍勝利ののちは、戦争の終局近くに至るまで日本軍の陣地となった。ウ・サンペ氏が所属した楯師団の騎兵第五十五連隊もここに駐屯した。彼は、「ここが連隊本部」、「ここは軍医さんがおったところ所」、「ここは馬をつないだお寺」などと案内したあと、慰安所二軒を教えてくれた。この町では、日本人と朝鮮人の慰安婦がそれぞれに日本兵との間に産んだ子どもが二人残され、その子どもを引き取って育てたという女性に会うことができた。子どもの一人は生後一〇カ月で死亡、もう一人は八歳のときに食べたものを吐いて亡くなったという。母親たちは日本軍撤退時、「尼になってシュエダウンに残るので許可を」と隊長に願いでたが許されず、「かならず迎えに来る」と言って泣きながら子どもと別れたそうだ。ウ・サンペ氏はまた、エーヤワディ河対岸のパダウンに残っていた慰安所の建物にも案内してくれた。

右頁シュエダウンの慰安所、2F裏の窓の落書き

そのひとの名前はホンダミネオ

ムン・オクチュさんは九二年三月、福岡市の市民集会で初めてその体験を証言した。

その集会には三〇〇人以上の市民のほか、テレビカメラも五〜六台並ぶなどマスコミ関係者も多数参加していた。開始は夕刻からだったが、朝から右翼団体が会場周辺を大音量のスピーカーでがなりたてながら走りまわっていたので、私服警官が会場周辺を警備するなど、熱気と重い緊張感に包まれていた。

淡いピンクのチマチョゴリに身を包んだムン・オクチュさんは緊張にみちた面持ちで舞台に上がった。体も声も震えていた。

彼女の証言は、「わたしは慰安婦のムン・オクチュです」という潔い名乗りで始まった。そして、「釜山から船で台湾、シンガポールを経由してラングーンに着きました。それからタテ八四〇〇部隊に所属しました。軍人のトラックでマンダレーに行き、アキャブ、プロームに行って、ラングーンに行き…」というように、連行された地名を淡々とたどるもので、通訳を入れても二〇分ほどの、いわばあっさりとしたものだった。

しかし、彼女はこのとき、はっきりと言ったのだった。

「日本人にもいいひとがいました。わたしたちのことをかわいそうだと思って食べ物をくれたり、慰めてくれたり、かわいがってくれました、そのひとは茨城県稲敷郡シモオ町のホンダミネオ」。

その時点で私は、ホンダミネオ氏がムン・オクチュさんの恋人だったとは気づかなかった。しかし、いまは確信している。彼女はこのときホンダミネオ氏に呼びかけたのだ。「文原ヨシコは生きています。ビルマで一緒に苦労したヨシコが、こうして日本にきていますよ。ホンダさん、あなたは生きているのですか」と。

テレビカメラに向かって名前を呼べば、ホンダミネオ氏が聞いて、そして、呼びかけに応じて名乗り出てくると期待していたのではないか。

彼女がいつから、「ウリホンダミネオ」（わたしのホンダミネオ）とか、「ウリホンダさん」（わたしのホンダさん）と言うようになったか、いまとなっては思い出せない。しかし、彼女がホンダミネオ氏について語るとき、いつもその表情は和らぎ、視線は遠くをみつめ、少女のような恥じらいをふくんだ微笑みがあった。

私はホンダミネオ氏の消息を調べるようになった。「ウリホンダさん」がいま、どこでどうしているのか、ムン・オクチュさんに伝えてあげたいと考えるようになった。香川県や高知県に楯師団の戦友会を訪ねたとき、あるいは、その戦友会香川県ビルマ会が出版した『パゴダに捧ぐ　ビルマの夕映え』全三冊をたんねんに読んだときなどに、手当たり次第に「ホンダミネオ」という兵士の名を聞いたり、探したりするようになった。結局、ムン・オクチュさんの生前には何の手がかりも得ることができなかった。

しかし、それが、ビルマでわかった。

タッピニューパゴダの僧院敷地に立つ慰霊碑
戦死者名簿にほんだみねお氏の名があった

エーヤワディ河畔、無数のパゴダが立つパガンの仏教遺跡がある。そのパゴダ群でも名高いタッピニューパゴダの僧院でのことだった。

境内には弓第三十三師団の歩兵第二一三連隊戦友会が建立した慰霊碑がある。僧院内にも戦友会が奉納した仏像や写真、供え物が並んでいる。

ふと見ると、『歩兵第二一三連隊ミャンマー・インド地域戦没者名簿』という手作りで手書きの分厚い名簿があった。労作である。ひと目で戦死した戦友をいたむ気持ちが伝わってくる。なにげなくではあったが、やはり、わたしはホンダミネオという名を探していた。と、ほとんど終わり近くのページにあった。

「ほんだみねお　1945-3-28　まんだれたいん　かんう」と平仮名で書かれている。ホンダミネオ氏は一九四五年三月二八日にマンダレー市近くのカンウで戦死したということだ。第三機関銃中隊では二二五名、第三大隊では一一五〇名、連隊全体で四二七二名の戦死者があったと記されている。作成者は茨城県那珂湊市の林民雄氏。ムン・オクチュさんも、ホンダミネオ氏の出身地を茨城県稲敷郡といっていたではないか。同県人だ。間違いない。

ホンダミネオ氏は、楯師団の兵士ではなく、弓師団の兵士だったのだ。

新たな謎だった。

それはしかし、帰国後、戦史叢書や一三〇〇ページを超す大著『歩兵第二一三聯隊誌』を読むとすぐに解けた。

ホンダミネオ氏は確かに存在していて、別の戦死者名簿にも掲載されていた。

彼の所属した弓第三十三師団は、宮城県仙台市で編成され、なによりもインパール作戦に参戦して壊滅的なダメージを受けたことから戦史に名高い。ビルマにおける足跡をたどると、初期作戦であるビルマ攻略作戦において、日本陸軍の南方軍のうち、ビルマを受けもつ第十五軍を、楯第五十五師団とともに構成していた。ホンダミネオ氏は弓歩兵第二一三連隊第三大隊第三機関銃中隊に所属していたのだった。開戦後すぐの一九四二年一月にバンコク経由でビルマに向かっている。四二年四月に、主力は第一次アキャブ作戦に参加。移動中の戦闘で機関銃中隊長が戦死するなどの損害を受けながらも五月四日、アキャブを占領し、それ以降はアキャブを後方基地としてインド方面へと戦闘地域を拡大している。五月に日本軍がビルマのほぼ全域を占領したときには弓第二一三連隊の兵士たちは二手に分かれて展開していた。

ムン・オクチュさんがホンダミネオ氏のことを、「マンダレーで知り合い、その後アキャブへの移動中もときどき遭遇することがあった」という内容を話していることから推量すると、彼は先遣隊には所属せず、後発部隊として増派されてアキャブへ向かう兵団にいた。

戦史叢書には、後発隊がいつマンダレーを出発したかということは書かれていないが、弓第三十三師団長飯田祥二郎中将の回想を載せている。

「たまたま、マンダレー付近の戦闘が一段落し、かつ、当時軍が直轄として控置していた砂子田大隊を引き続き直轄として控置しておく必要がなくなったので、さっそく、これをアキャブに増派する処置をとったのである」

この増派によって挟み討ちをしたことになり、日本軍は勝利した。そのとき、残りの一大隊として派遣されたのがホンダミネオ氏が所属していた第三大隊であり、それが一時的に楯師団配下に置かれていたため、彼はムン・オクチュさんに出会ったということだった。

「ビルマ西岸、インドとの国境付近には、昭和十七年九月以降第二一三連隊主力（一ケ大隊欠）が配備されていた。ところが昭和十七年末から、わが軍に対して英印軍の一ケ師団と一ケ旅団基幹が攻撃を開始した。宮脇大佐の指揮する一ケ連隊基幹がこれを迎え討ち、続いて、峻険なアラカン山系越えに派遣された同連隊残りの一ケ大隊を宮脇支隊長の指揮下に入れて、南北から敵を挟み討ちにした。さらに、親部隊である第五十五師団（四国の部隊）が、わが航空支援下に舟艇機動によって戦線に参加して敵を攻撃した。英旅団長を捕虜としたほか、壊滅的な損害を与えて快勝した……」と『検証　大東亜戦争史―天保一一年～昭和二七年―』にもある。

ホンダミネオ氏は戦死するまでにどのような軌跡をたどったのか。

第一次アキャブ作戦は前述の通り四二年四月から五月まで。その後は後方基地としてのアキャブを守備し、インパール作戦決定の四四年一月まではインドとの国境に近いアラカン方面で作戦展開していた。アキャブはビルマ西部に位置し、ビルマ防衛の要となる飛行場と港湾があり、インド東端の英印軍二大拠点、インパールとチッタゴンのうち、チッタゴンにも近く、日本軍の重要拠点になっていた。彼らは四三年一月から三月にかけてアキャブ北方マユ半島ドンベイクで戦闘している。生還した第三機関銃中隊所属の兵士たちの戦記を、連隊誌から一部引用する。

「ドンベイクの戦闘」

「昭和一八年一月四日、アングモ上陸に成功した集成中隊は翌五日朝ドンベイクに向かい急進中敵と遭遇、渡辺中隊長は壮烈な戦死を遂げた。（中略）我が機関銃が三〇発（一連）から六〇発も撃つものなら、敵は野砲、山砲で三〇〇発いや五〇〇発もお返しの砲火を浴びせる。マユ半島に上陸当時から遠雷のように聞こえていた敵の砲声は、第一線に近いと鼓膜を圧するばかりである。十八日十九日敵は飛行機並びに砲戦支援の下、一隊は海岸線からまた他の一隊は山麓丘陵方向からドンベイク陣地の両翼に対して攻撃を開始した。特に敵砲兵の支援射撃は三時間も継続し、その発射弾は一時間五〇〇発、計一五〇〇発が縦深のない小流《ママ》の第一線陣地に集中されたのである。又一時半ごろ敵戦闘機と爆撃機計九機が我が陣地を反復銃爆撃した。夕刻には機関銃、迫撃砲が激しく射撃をして来た。（後略）」（第三機関銃中隊　田中文雄）

このアキャブでの戦闘ののち、ホンダミネオ氏らにインパール作戦への参戦命令が出さ

れ、同地に向けて転戦を命じられる。

司令官牟田口廉也、参謀長久野村桃代のもと、第三十三師団（弓）師団長柳田元三のほか、第十五師団（祭）師団長山内正文、第三十一師団（烈）師団長佐藤幸徳の三師団が参戦している。三〇〇〇メートル級の急峻な山脈を越えて、北方面から第三十一師団が、中央を第十五師団が、そして南方から第三十三師団がインパールを目指した。火力や食糧に劣る日本軍であるにもかかわらず、兵士たちは果敢に戦った。

四四年五月には、第二一三連隊の兵士たちは「インドアッサム州マニプール領テグノパール西方約二粁（キロメートル）」を守備したのち、次の目的地である四五六二高地（日本軍は伊藤山と呼んだ）へと転戦していた。


「四五六二高地（伊藤山）攻略記」

「「突っ込め」甲高い隊長の命令が飛ぶと同時に突撃を敢行する。疲れなど知る由もない。全く無我の境地で駆け足が続く。間髪を入れず敵の陣地から機関銃の一斉射撃が襲ってきた。曳光弾が尾を引いて次々と撃ち込まれてくる。必死に敵前深く進入、突撃態勢に入る。富山中尉は軍刀を高くかざし立ち上がり、五、六歩前進した時、「バン」という奇妙な音、手榴弾が炸裂した瞬間、ばったり倒れ、「天皇陛下万才《ママ》」を最後に壮烈な戦死を遂げた。機関銃、手榴弾の一斉射撃はなおも続く。私も同じ所で手榴弾の破片を浴び、左下腿軟部に受傷した。

（中略）

その後六月下旬ごろまで伊藤山守備の任についていたが、物量を誇る敵は再び連日のごとく銃砲撃、それに飛行機による爆弾投下、機銃掃射と間断なく攻撃を加えてきた。あわせて増援部隊の派遣と大量の戦車、重火器の猛攻で我が軍の進撃を阻み、それに反して我が軍は糧食、弾薬は欠乏、これ以上の戦闘継続は不可能の状態となり七月下旬、それまで多くの犠牲を払って奪取し、死守してきた伊藤山を撤退するに至った。それからの撤退は筆舌に尽くされない悲惨なものであった。飢え、疲れ、そしてマラリア、チフス、赤痢と病魔に襲われ、更に英印軍の進撃を避けながらの撤退は、攻撃よりむしろ困難苦痛の連日であった。その上現地は時既に雨季たけなわ、豪雨の中の撤退となり毎日十数里の道なき山野の行軍となった」(第三機関銃中隊　菊池猪一郎』)

「第三大隊伊藤山攻撃から撤退まで」

「第三大隊は歩兵団長より伊藤山奪取の命令を受け、第十中隊長中村大尉指揮の下に残存兵力六〇名と配属工兵隊をもって五月十日午前一時を期し突撃を敢行した。敵は山頂の掩蓋陣地や壕から機関銃、自動小銃、手榴弾等による猛反撃に出たが、これを制圧、伊藤山を奪取した。

私は第十中隊の谷下田上等兵と共に敵側斜面に深追いし、敵の打ち上げる照明弾により身動き出来ず、一時敵の掩蓋に退避、機をみて友軍陣地まで後退した。その際谷下田上等兵は敵の狙撃により胸部貫通銃創を受け後送された(その後死亡)。この戦闘により双方に多くの戦傷者が出た。夜明けと共に敵陣力の砲撃を受け、数次に及ぶ反撃を受けたがその都度これを撃退した。

数日して私は本来の経理室の任務に戻り、約一粁位後方の道路排水溝に位置し、第一線に対する食糧補給に当ったが、後方からの糧秣補充は途絶え、最後の一週間程は第一線の将兵は米を口にすることはなく、バナナの幹の芯や雑草を食料とする状態で、ほとんど栄養失調になっていた。

ある朝、第一線陣地から朝もやをついて兵隊が一人駆け込んできた。その報告によると、有力な敵部隊の猛襲を受け第一線陣地が突破され、友軍はバラバラとなって撤退し、敵はすぐ近くまで来ている、とのこと。（中略）取りあえず聯隊本部の位置まで後退することにし、各自荷物をまとめ道路上を五〇米位下がる。その時突然、どこからか射撃を受け、身を伏せて周囲をみたがもやのためわからない。又も射撃を受けたので左側の沢に飛び込んだ。ジャングルが深く同一行動が取れないのでバラバラになって後退する。（中略）

その夜半、聯隊は各隊の生存者を収容撤退したのであるが、わが第三大隊（引用者注：第三機関銃中隊は第三大隊の下部組織）の生存者は四十数名であった（作戦開始時の兵力約七五〇名）」（第三大隊本部　倉持竹乃進）

この戦闘ののちの七月二日、インパール作戦は中止となる。日本軍の投与兵力八万六〇〇〇人のうち、帰還時兵力一万二〇〇〇人である。「白骨街道」と呼ばれた退路を、英印軍の追撃や空爆をさけながら、あるいは傷病や空腹に耐えながら、ホンダミネオ氏は四五年の三月までどうやって生き永らえたのだろう。

第三機関銃中隊の四五年三月の状況はこのようである。

「イラワジ（エーヤワディ）河畔の攻防」

「師団司令部の所在地に至り直轄となる。墓石を枕に三日程滞在したが又出動となり、イラワジ河畔に向かう。公刊戦史によると、昭和二十年三月六日、谷津大隊は柄田部隊（215ｉ）に配属されミョーサ方面に転進したと記されている。当時の作戦等については知る由もないが、イラワジ河畔にいた事は事実である。（中略）

間もなく十中隊の陣地に着き左翼陣地の配備に就く。まず蛸つぼ掘りを始めたが砂利層で固く、帯剣を使っても仕事はさっぱり進まない、が外に方法がない。後れて配備に就いたので膝くらいまで掘ったころ戦闘が開始された。私も小銃を撃ち始めたが、どうも壕の浅いのが気がかりだ。しかし既に戦闘に入っては掘り足す事が出来ない。（中略）

戦闘中壕から出るのは危険だが、隣りの壕の戦友に頼み、なんとか腕だけ包帯を巻いてもらった。爆風で飛んできた砂が顔に刺さり暑さと汗でピリピリする。飯盒と水筒を天幕に包み、銃を逆さに肩に掛けてもらい小走りに後方に下がった。包帯を巻くまでに両腕から落ちた血で腰から下は真っ赤だ。左眼はあまり見えない。

安全地帯まで来ると現地人が水をくれた。辺りを見ると負傷者がいる。中隊が違い入隊以来会ったこともない同村出身の塙敏君が、軽機を射撃中手の甲を射ち抜かれ下がっていたのに会った。二人して大隊本部に下がり報告後、衛生兵の治療を受けたが、傷口にヨーチンを塗っただけで終わった。（後略）」（第三機関銃中隊　坂内貞信）

エーヤワディ河畔での戦闘は生き残った兵士にとっても生死の境を行きつ戻りつしたものであったに違いない。ホンダミネオ氏もそのような戦闘のなかで死を迎えたのだと考えられる。

タッピニューパゴダの寺院で見た手書きの戦死者名簿は二部作られてあって、もう一部は靖国神社偕行文庫に収められている。

ムン・オクチュさんは、「アキャブでホンダミネオ氏が突然こなくなって、それ以降は噂さえ聞くことがなかった」と話したが、その理由は、彼が弓第三十三師団の所属で、インパール作戦への参戦命令が出ていたからだった。もし、ムン・オクチュさんが思っていたように楯師団の所属であったとしたら、アキャブの次に移動させられたプロームでも、もしかしたら再会できていたかもしれない。

ムン・オクチュさんの記憶に、しかも恋人の所属兵団名という当事者にとっては重要であったに違いない認識に間違いがあったのだったが、その間違いの理由は納得できるものであった。

軍事郵便貯金

一九九二年三月、ムン・オクチュさんは慰安婦時代の証言をするため福岡市に到着した。その夜、私は彼女に軍事郵便貯金のことをいろいろとたずねた。郵政省に対して払い戻し請求をするためである。二人で次のような文書をつくった。

下関郵便局長様

私は元従軍慰安婦の文玉珠（文原吉子）です。

私はビルマのマンダラ（注：ムン・オクチュさんがマンダレーと言ったのを私がマンダラと誤記）またはラングーンの野戦郵便局で貯金を始めました。定期的な貯金ではなく、チップをもらってお金が入れば少しずつ貯金したものです。

最前線の「ダテ八四〇〇マルマル部隊」（注：ムン・オクチュさんがタテと言ったのを私がダテと誤記）であちこち転々としましたので、途中で通帳をなくしてしまいましたが、それを再度新しくしてくれた軍人さんに聞いてみると、本社は下関郵便局であるということでした。

貯金したお金は一万二〇〇〇円ほどになりましたが、一九四五年四月か五月にその通帳から五〇〇〇円を引き出して故郷の父母に送りました。その貯金を引き出した場所も、送った場所もタイでした。一九四五年八月十五日解放になり、故郷に帰りまして父母に聞いてみると、その五〇〇〇円を受け取ったということでした。

残高六〇〇〇円から七〇〇〇円が残っております。通帳は帰国後四年ほど大事にもっていましたが、紛失してしまいました。

この金を払い戻して欲しいと願っております。また今後この件に関するすべての連絡は森川万智子と〇崎〇一に委任します。

一九九二年三月三十日

韓国大邱市南区　文　玉珠

旧版206ページの資料④は、この要求に対して郵政省が貯金原簿の預払い金調書を作成し、彼女に渡したものである。具体的には、軍事郵便貯金原簿は当時熊本貯金事務センターが保管管理していたので、同センターが時系列に並べ記したものだ。

『野戦局印を主とした　日本の軍事郵便』が詳細な資料を提供してくれているので、以下ではこれを参考にしてムン・オクチュさんの貯金を読み解いてみる。

記号の欄には「戦りふ」とある。

「戦」は野戦郵便局（南方軍の場合野戦郵便所と呼ばれた）を表している。「りふ」は、逓信省（郵政省の前身。同貯金制度成立時の所轄官庁。現在は総務省）高等野戦郵便部が、為替貯金を取り扱う各郵便所に「いろは」を順に割りふって記号化したもの。ビルマの場合、本部をラングーンに置く第十五野戦郵便隊の配下に第三〇〇～第三〇九の野戦郵便所が置かれた。それぞれの郵便所で取り扱われた為替や貯金通帳には、「戦りま」（ラングーン）、「戦りけ」（モールメン）、「戦りふ」（ペグー）、「戦りこ」（マンダレー）というような記号をつけた、郵便切手を消印するのと同様の日付の入った丸い局印が押されたのである。

ムン・オクチュさんの通帳記号「戦りふ」を用いた第三〇二郵便所は、昭和十七年五月十一日にペグーで開所し、翌十八年六月十二日に閉鎖、同年六月一六日にプロームに移動しタマンドン、コモッコ、トンジイなどでも取り扱いをしている。そして、十八年十二月十六日から十九年十一月一日まではアキャブで営業している。また、この第三〇二郵便所第一分所が十八年一月十六日から同年六月十六日までアキャブで営業している。「分所」とはどういうものであったかの説明はないが、前述の兵補ウ・サンペ氏が、「郵便を運んでアキャブとタンガップを行ったり来たりしていたとき……」と話していたり、壮（四四年一月「楯」が「壮」に改称）八四一七部隊兵長が十九年九月二十七日にラングーンで「森郵便隊に行く」という日記を残していたりするので、戦況や必要に応じて置かれたものと考えられる。ちなみに「森」とはビルマ方面軍をいう。

ムン・オクチュさんは、マンダレーかラングーンにいたときに初めて貯金したと記憶していたが、どうして「戦りふ」記号がついているのだろう。マンダレーなら第三〇三郵便所が昭和十七年五月十一日から十九年八月十一日まで開設していたので、「戦りこ」記号が振られていたはずだし、ラングーンなら「戦りま」の通帳となったはずだ。

つぎに番号の「6565の2」を見てみる。これは、もともと「6565」だった番号が、ムン・オクチュさんが通帳を紛失してしまい、通帳の再発行を申請したために、「の2」という番号になったということを示している。ムン・オクチュさんの「貯金を新しくしてもらった」という記憶どおりだったこととなる。

「19・8・18亡失届出」の表示があることが、それをリアルに物語る。日付がインパール作戦の敗戦後であるため、私は、彼女がすでにラングーンに移動していると推察する。ムン・オクチュさんは、貯金した六月二十一日から亡失届の八月十八日までの間に通帳を亡くしていることは確かだ。

あるいは、ムン・オクチュさんは再び貯まった軍票（昭和十九年には軍票ではなく南方開発金庫券であったろう）を手に野戦郵便所に行って、通帳を紛失したことを話したら、貯金取扱係の兵士が再発行の手続きをすればいいとアドバイスしたのだろう。

「それを再度新しくしてくれた軍人さんに聞いてみると、本社は下関郵便局であるということでした」と彼女は言ったが、それも「下関」という部分で正しい。

下関郵便局ではなく、下関貯金支局である。当時、軍事郵便貯金の原簿は下関貯金支局で保管管理され、利子計算などが行われていた。通帳の表紙に下関貯金支局と印刷されていたはずである。

通帳再発行の手続きは、貯金支局でそれまでの預払いが確認され、現在高が確定すれば新通帳発行という段取りになる。戦時下、海上をはるばると運ぶ郵便という手段をもって確認するシステムが機能していたとすれば驚くほかない。ムン・オクチュさんも通過したタンガップやプロームを移動した第三〇六郵便所（記番号戦りあ）は、昭和十九年七月二十二日にタンガップに移動開設したのち、「昭和二十年三月三十一日全員生死不明のため同日以後不詳」と、郵便所そのものが消失した例も記録されている。

ちなみに、下関貯金支局で保管されていた原簿は、下関市がアメリカ軍の空爆を受けた昭和十九年、厳重な警備のもと熊本貯金支局に疎開移送されている。この原簿調書が熊本貯金事務センターから発行されたのはそのためである。

そもそも軍事郵便貯金とは、「旧野戦郵便局又は旧海軍軍用郵便所で預入された郵便貯金をいう」（軍事郵便貯金等特別処理法、昭和二十九年五月十五日法律第百八号）とある。日清戦争のとき戦地の軍人のためにつくられた制度で、戦地では現金を使う必要のない兵士たちが貯金することを可能にした。また、「為替貯金」とセットで呼ばれるように、故郷への送金を可能にしたのが軍事郵便為替であった。それらは当初軍人軍属のみが利用したものだった。それが昭和になって中国各地に戦地や駐屯地が拡大するにつれ、一般人も利用できるようになっていった。戦地がアジアにまで広がると、その取り扱いもいっきに拡大した。

『続逓信事業史』第七巻（郵政省）に詳しい。

明治三十七（一九〇四）年、日露戦争時に逓信省令七号で規定されていた軍事郵便為替貯金は、戦争終結後取り扱いが中止されていたが、満州事変が起きた年の翌昭和七（一九三二）年三月に再開される。昭和十二年二月になると陸軍大臣から逓信大臣へ強い要請「軍の秘密保持（郵便物の取扱い）、特に兵の貯金の大部分が軍の金庫に死蔵されている現状から野戦郵便局を設置する必要がある」のもと、四月天津の日本租界内で駐屯軍に野戦郵便局が開設される。そして七月には中国各地にも拡大設置される。昭和十六（一九四一）年五月、軍人が現地除隊して一般人になると、それらの一般人にのみ貯金が払い戻し可能となる。さらに、昭和十六（一九四一）年十二月には東南アジアにも野戦郵便所を開設。昭和十八（一九四三）年八月千島列島で軍人、軍属のほか、一般公衆の預け入れ払い戻しが可となる。昭和十九（一九四四）年四月になると印鑑を亡失した人の再交付は部署の責任者の亡失書添付で再交付可となっている。昭和二十（一九四五）年六月フィリピンのダバオ等では、現地で印刷した代用の通帳用紙を使用した、とある。

戦況に合わせる形で取り扱いが変化していったことがわかる。

ムン・オクチュさんは「文原玉珠」の名で貯金していた。しかし彼女は、支払要求書で、自分の本名は「文玉珠」、日本名は「文原吉子」なので、どちらかの名で貯金したと申告していた。

そのため一九九二年五月十一日、下関郵便局を二度目に訪れたとき、郵政省（当時）は本人確認をするために執拗に「貯金名義はどういう名前だったか」と繰り返し尋ねた。「文原玉珠」の原簿は既に手許に用意してあったにもかかわらず、どうしても本人自身の口からそれを言わせることに拘泥していた。

そして十分も経ったあとだったろうか、ついに、ムン・オクチュさんが首をひねりながら、「文原玉珠（ふみはらぎょくしゅ）」とつぶやいたとき、係官は「その通り」とばかりに、「いま、何とおっしゃいましたか」と、もう一度確かめた上で別室に招きいれ、原簿預払金調書を渡したのだった。あのときの、「ほら、あったでしょう」と言いたそうに得意げで、晴れやかなムン・オクチュさんの顔を忘れることはできない。

貯金の預払《よばら》い額を調書の順にみてみる。

1　昭和十八（一九四三）年三月六日　五〇〇円を新規預入。
同年三月末までの利息　一円。
2　同年七月　十日　七〇〇円を預入。
3　同年八月十五日　五五〇円を預入。
4　同年九月十八日　九〇〇円を預入。
5　同年十月　二日　七八〇円を預入。
6　同年十一月六日　八二〇円を預入。
昭和十九（一九四四）年二月十二日〇円（利息と同じ書き方だが金額は〇円預入と読める）。
7　同年二月十六日　九五〇円を預入。

8　同年三月三十日　八五円を預入。
9　同年三月末までの利息　七五円。
10　同年五月十八日　一〇〇円を払い出し。
11　同年六月二十一日　八〇〇円を払い出し。
同年八月十八日通帳亡失届出
昭和二十（一九四五）年三月末までの利息　一二一円。
12　同年四月　四日　五五六〇円を預入。
13　同年四月二十六日　五〇〇〇円を預入。
14　同年五月二十三日　一〇〇〇〇円を預入。
15　同年九月二十九日　三〇〇円を預入。

以下昭和二十一（一九四六）年三月以降は、一年分の利息が毎年三月に記載されている。

ムン・オクチュさんの貯金通帳は、昭和十八（一九四三）年三月に、ペグーに野戦郵便所が置かれていたときにつくられている（1）。そして、彼女の通帳には同年七月から十九年二月までは、七ヵ月にわたって毎月一度、五〇〇円から九五〇円が貯金され、十九年三月三十日には八五円が預けられている（2〜8）。同年五月には初めて一〇〇円が払いだされ、翌六月にも八〇〇円が払い戻されている（9・10）。そして、翌々八月に貯金通帳をなくした届出。それから八カ月間は貯金の出し入れがない。そして二十年四月に突如桁違いの金額が預けられる。四日に五五六〇円と二十六日に五〇〇〇円。翌五月二十三日に一万円である（11〜13）。

私は、高額の貯金についてはこのように推量する。

彼女は二十年四月に再発行された通帳を手に入れて大喜びし、貯金していれば安全だと信じて、手元の現金を続けざまに貯金したのだ。

私はまた、多額の貯金の時期が四月だったことに注目する。なぜならば、一九四五年四月のビルマの首都ラングーンは特別だからだ。ラングーンは逼迫した情勢にごった返していた。

ビルマ全土に展開していた日本軍は、全軍がこぞってビルマ方面軍司令官のいるラングーンへと向かって敗走を重ねていた。戦闘をすればほとんど全滅に近い打撃を受け続けたので、飢えや傷病に苦しむ敗残兵は夜間を選んで街道を徒歩で行進するしかなかった。

一方ラングーンでは、三月にはすでに日本大使館はバー・モウ政府の移転や在留邦人の撤退時期を探っていた。三月中に大使館で働く女性タイピストや司政官はラングーンをあとにしている。

ところが、ビルマ方面軍は四月二十二日、参謀長が知らないうちに、木村兵太郎方面軍司令官が二十三日のラングーン脱出を決めていた。しかも、偵察機に分乗してモールメンに逃げたのである。東京での大東亜会議（四三年十一月）に参加したインド仮政府首班のチャンドラ・ボースや独立宣言していたビルマ国内閣総理大臣バー・モウを優先しないどころか、まったく礼を尽くさない形で置き去りにしたのだ。

戦史叢書にさえ、「方面軍司令部の脱出はラングーン防衛の放棄とみなされ、同市はたちまち混乱の渦中に巻き込まれた」と記されている。戦史叢書はまた、参謀長の怒りの込められた手記をそのまま掲載している。

「（前略）さらに、方面軍司令官が出発したのちのラングーンの防衛は思いもよらぬ情景を呈した。ラングーンは方面軍司令部のモールメン撤退後も、あくまで確保するはずであったが、現実にはとんでもないことが始まっていた。

まず、衣糧倉庫では住民に対して衣糧品の無償配布が始まっていた。ビルマ人の群集は嬉々としてその配給を受け、中には牛車をもって配給品を山と積んで行く者もある。略奪も随所で行なわれている。さらに兵器庫では砲弾や爆弾の類を井戸に投げこんでいた。（後略）」

（田中新一参謀長回想記）

こうしたなか、女性たちと遺骨四万柱分を乗せた船がモールメンに向かっている。

「私は四月二十二日方面軍司令部に行き、青木高級参謀から兵站司令部の今後の任務について指示を仰いだ。

俘虜は約一、一〇〇名ほどいたが、方面軍はその処分に困り、結局ラングーン防衛司令官にその措置を申し送ることになった。

婦女子は戦況の逼迫に伴い逐次後送していたが、なお一〇〇名前後が最後まで残っていた。青木大佐は婦女子は部隊と同行させよと言われたが、陸路行軍ではとても連れて行けないので埠頭に行って船を捜したところ、水産会社の木造船が一隻残っており、今にも出港しそうにしていたのを見つけ、頼みこんでこの船に婦女子と遺骨とを乗せてモールメンまで送ってもらうことにした。

遺骨は約四万柱分（注：本願寺分院に保管されていたもの）、一米角の木箱三七個に収めてこの船に託送した。

私はその後陸路モールメンに脱出したが、この船は途中敵機の銃撃も受けず、海も荒れず、無事モールメンに到着していたので安心した。」（白川戦治大尉、第七十三兵站地区隊副官回想談）

ムン・オクチュさんはラングーンを船で脱出したと語ったが、彼女がこの船に乗っていた可能性はある。もしそうだとすれば、四月二十六日の五〇〇〇円の貯金や五月二十三日の一万円の貯金はモールメンで預けたものということになる。モールメンには方面軍が置かれていたのだから郵便所の機能が働いていたと考えておかしくない。

もし記憶どおりとするなら、彼女はすでにタイのナコンナヨークで看護婦として働いていたことになるが、原簿調書はそれを語っていない。「原簿」そのものを閲覧できれば、もしかしたらわかることかもしれないが、原簿閲覧の権利は本人でなければできないことなので、残念ながら謎を解くことはできない。

金額が突然多額になっていることについても生前の彼女は何も語っていない。しかし、ビルマのインフレは一九四四年末段階で卸売物価指数が八十七倍にもなったというほどであるし、四五年にはさらに進んだ。戦後、ビルマでの軍事郵便貯金は預金高が一五〇〇円を超えると十一分の一に換算され、その金額が三五〇〇円を超えるとさらに四三二分の一しか払い戻されないほどであった。

元兵士たちが語ったり書いたりした慰安婦の群像は、敗走中でもかならず全員が大きな荷物を運んでいる。そして、その荷物には多量の軍票が含まれていたはずだ。けっきょくは故郷に持ち帰ることができなかった軍票であった。

日本大使館の総領事と大使館員も同じころ、徒歩でラングーンを脱出してモールメンを目指しているが、重い荷物を運びながら逃げる朝鮮人慰安婦と同行している。

「再びジャングル内に道をとってしばらく歩いたところで、同行の朝鮮人女性の一人が、『もう一歩も歩けない……』と泣きながら地面に座りこんでしまった。何とか元気付けて歩かせようと思った私は、彼女のリュックをつかんで助け起こそうとしたが、そのリュックの重さに驚いて手を離した。

『こんな重い荷物を担いで歩けるはずがない、荷物を捨ててしまいなさい』と叱りつけると、『三年間も苦労して買い集めた品物を捨てるぐらいなら死んだ方がましです』といっそう声を大きく泣きじゃくりはじめた。（中略）それまで黙ってことのなりゆきをみていた島津総領事が、いつもと少しもかわらぬ静かな口調で、「そのリュックは僕が持ってゆくから、こちらに寄越しなさい」といった。一同は驚いて総領事の顔を見たが、本気であの重いリュックを担ぐつもりでいることがわかって、われわれはまたまた顔を見合わせた。泣きわめいていた当の女性は、いつの間にか泣きやみ、ポカンと総領事の顔を見ている。（中略）これは後日の物語であるが、このことがあって以来、彼女は食物との物々交換の機会があるたびに、惜し気もなく自分の持ち物を差し出すようになり、リュックの中味は日とともに軽くなってゆき、モールメンに着く頃には半分以下に減っていた。（後略）」（『ビルマ脱出記』田村正太郎）

貯金原簿に話を戻そう。ムン・オクチュさんは「タイから故郷に送ったというお金は届いた」と言ったが、調書はそのことについては語っていない。彼女の最後の貯金三〇〇円は一九四五年九月二十九日で、戦争が終わったあとの日付である（14）。この貯金はタイ国で預けられたものだろう。日本軍が崩壊したにもかかわらず貯金できていることは、考えてみれば不思議なことである。

さらに、彼女の記憶の確かさをつけ加えておきたい。

『南方軍復員史』の附録第一七、「各地域邦人人員数及集結概況」に、捕虜収容所で引揚を待つ日本軍関係者の人数が報告されている。その「泰（タイ）」（21年1／31現在）の欄に、（人員）内地三四五六、鮮一三〇〇、台四〇七、とあり、また（説明）欄に、「内地人は、一四八（大使館員全家族一二一、其他二七）が大使館構内に軟禁され、其他は『パンプロトン』（盤北方約50K）に、又、鮮台人（引用者注：鮮は朝鮮人、台は台湾人。男女別の数字はない）は、『アユタヤ』に抑留」とある。彼女はこの「鮮」一三〇〇人の中のひとりだったのだ。彼女はナコンナヨークの陸軍病院で看護婦をした後、終戦後はアユタヤに集結させられ、朝鮮への帰国を待ったということが証明された。

それにしても、「貯金を払い戻して欲しい」と、彼女が五十年間も思い続けていたということ、その思いの深さに打たれる。貯金をするということを心の糧として慰安婦生活に耐えた、若かったムン・オクチュさんの姿が浮かび上がってくる。現金を持ち歩かずに貯金をしていたその賢さや、その原簿が奇跡のように残っていたという事実が、なんといきいきと戦争の一側面を伝えているか、ということも思わずにいられない。

慰安所帳場係 朴氏の日記

『ビルマ・シンガポールの従軍慰安所』（日本語仮訳版）は、慰安所帳場係であった朴氏（姓のみ公表。韓国慶尚南道出身、一九〇五〜七九年）の日記から一九四三年と四四年分を韓国落星台経済研究所の研究員で組織された研究会が解読して現代語に訳し、二〇一三年八月に韓国で出版したものを、さらに日本語に翻訳したものである。

朴氏の日記に書かれた内容とムン・オクチュさんの語りのそれとの共通事項をここに採り上げたい。

朴氏は一九四三年正月をアキャブで迎え、一月十七日にアキャブを出発してタンガップやプロームを経由し同月二三日ラングーンに到着している。

「乙女亭の松本氏」が登場するのはラングーンでのことである。

この松本氏とは、ムン・オクチュさんが、「日本軍の食堂に働きに行こうよ。金もうけができるよ」と誘われて釜山の甲乙旅館に行ったとき、そこにいた「引率者」だ。彼女が「顔見知りの男」で、マンダレー、プロームと移動した慰安所の経営者だったと言っていた人物である。

朴氏の日記には、一九四三年三月と四月に三回登場する。前掲の日本語仮訳版から引用する。

「三月二十五日木曜日、晴天
朝、ビルマのペグー市の金川氏のところで起き、朝飯を食べて終日遊んだ。夕方に乙女亭の主人の松本氏とビルマ墓地を見物した。（後略）」
「四月十一日日曜日、曇晴天、夕方に暴雨
（前略）カマヨ（地名）の大原某氏の処へ行ったが、昨年慰安隊として一緒に来た松本某氏、山田氏が今回帰国のため、ラングーンに来て手続き中であるという。（後略）」
「四月十五日木曜日、晴天
（前略）ラングーン会館で遊び、夕食を食べて宿舎に帰ってきて寝た。ペグーの慰安所の乙女亭、文楽館、将校倶楽部など三、四軒の慰安所は今般アキャブ地方に移され、今日乙女亭の松本氏がラングーンに来て、帰り道に会った。桜倶楽部の金川氏はペグーにいることになったという。」

私は三月二十五日の項に着目した。つまり、松本氏は四三年三月ペグーで乙女亭を経営しているのだ。

ムン・オクチュさんの貯金通帳が「戦りふ」記号であるわけがここにあった。松本氏が、貯金通帳をペグーでつくったのだ。しかも彼が、ほかの慰安所経営者がそうであるように、複数の慰安所を経営していたとしたら、マンダレー（マダヤかもしれない）でも慰安所を経営していて、そこにムン・オクチュさんが働いていたことが推測できる。なぜなら、この日記には、複数の慰安所を経営する朝鮮人が数人登場しているからだ。

松本氏はムン・オクチュさんに支払うべき金額を軍事郵便貯金にして渡したのだと考えれば、資料として残る通帳原簿と日記双方がムン・オクチュさんの語りを証明しているのだけれど、実際はどうだったのだろう。

アキャブからプロームに移動したムン・オクチュさんが、「プロームに着くと、慰安所にマツモトがいたので驚いた。マンダレーで働いた金を一円ももらってなかったので、『会えてよかった、ここでもらわなければ』と思った。（中略）わたしたちがアキャブで危ない目にあっていたあいだ、マツモトはどこに逃げていたのだろう。きっと安全なラングーンかどこかにいたに違いない。わたしはいまでもそのことを腹立たしく思っている」と言っているのも合点がいく。松本氏はたぶん後方のペグーにいたのだろう。

また、同日の記述――「乙女亭、文楽館、将校倶楽部など三、四軒の慰安所は今般アキャブ地方に移され……」は、ムン・オクチュさんが一月十一日命令の第一次アキャブ作戦に従って下士官たちに引率されてアキャブに向かったのと一致する。

朴氏の日記にはさらに、慰安所「ラングーン会館」が頻繁に登場する。「ラングーン会館はゴドウィン（Godwin）路にあり、経営者は大山氏である」とも記されている。

朴氏はラングーン会館に一月二十四日から二月八日まで宿泊している。そして、ラングーン市内の野戦郵便局から三万二〇〇〇円を送金しようとして兵站司令部から禁止されたり、それならばと、軍政監部で許可をもらって横浜正金銀行から同額を送金したりしている。

朴氏はラングーン会館を慰安婦目当てではなく利用したようだ。これもムン・オクチュさんが次のように言ったことと一致する。

「ラングーンには、商売のためにきていた民間人の朝鮮人がたくさんいた。民間人も慰安所にたくさん遊びにきた。ただしそれは、私たちを買いにくるのではなく、ただ世間話をしにきてくれるだけなのだ」

ただし、ムン・オクチュさんがラングーン会館で慰安婦として働いたのは、朴氏がいたころから一年ほどあとのことになろう。

日記によれば、その後、朴氏はペグーで事業を興そうと計画したが、アキャブで慰安所を経営していた義弟一行が、家族や同行の慰安婦も含めて四人死亡するという「事故」（英印軍の攻撃かもしれない。敵の攻撃による死亡とは私的な日記にも書けなかったのだろう）に遭い、事業計画もうまく進まなくなって、一九四三年九月にはシンガポールへ向けて出発している。

日記には次のようなものもあって、日本軍が第一次アキャブ作戦の展開中には慰安婦をつぎつぎと動員したことがわかる。ムン・オクチュさんもこのなかの一員だったろうし、朴氏も同様であったことは間違いない。

「六月二十八日月曜日、晴曇夜雨

（前略）ペグーの桜倶楽部の金川氏が来て、遊んだりおしゃべりしたりして宿舎で一緒に寝た。アキャブの我が慰安所の慰安婦○子がアキャブで食堂をやっている葦原氏と一緒に来た。連隊の移動と共に葦原も移動し、タウンジー（Taunggyi）で経営するという。アキャブに対する消息を葦原氏から詳しく聞いた。慰安所の女子達も部隊と共に一、二ヶ月後に出るようだ。」

「七月二十三日金曜日、曇少雨天

（前略）アキャブ地方には昨年、わが慰安所以外には慰安所が入って来なかったが、今般六、七十名の慰安婦が入ったという。」

「八月二十一日土曜日、雨天

（前略）ペグーで経営していた新井○治氏の慰安所を引き受け、アキャブに入っていた文野氏が今日、インセンの新井氏宅へ女子を全員連れてきた。文野氏の話では、我が慰安所の女子十五人もアキャブから出てタンガップにいるが、二、三日内にプロームに着くという。夕食を食べた後、遺骨と女子を迎えに、夕刻のインセン発の列車でプロームに向かった。」

私は現地調査の一年二カ月をおおむねラングーンで過ごした。ラングーンの戦争時代を知る人に出会うたびに「大きなコンクリートの二階建てで、Lの字に建っていたラングーン会館」（ムン・オクチュさんの記憶）を知らないかと聞いた。何度も訪れたペグーでは、通りの左右に朝鮮人慰安婦のいた慰安所が並んでいたという街に案内されたこともあった。

もし、朴氏の日記が二十年前にみつかっていたら、私はゴドウィン路でラングーン会館を探し当てることができたはずだ。

もし、朴氏の日記が二十年前にみつかっていたら、私はペグー（現在はバゴー）の繁華街に近かった慰安所街を、もっと詳細に調べることができたはずだ。ペグーでは、そのいわば「慰安所通り」に案内されたのだが、ムン・オクチュさんとの関連を考えていなかったので、通り一遍の調査しかしなかった。

それにしても、この日記に記述された事柄とムン・オクチュさんの語りは、まるで協奏曲のように、共鳴しながら戦争のリアリティを別々の場面で相互に補完しながら伝えてくれている。慰安所は日本軍の軍（第十五軍）司令部副官部が管理し、慰安所経営者会議も同副官部が開き、朴氏や慰安婦の銀行送金は軍政監部が許可を出し、郵便為替による送金は兵站司令部が許可を出し、朴氏の帰国許可は軍政監部警察課が出し、旅行証明書は軍司令部副官部が出していることがわかった。

つまりこの日記もまた、慰安所がまぎれもなく軍隊の一部分であったこと、慰安婦たちが「従軍」させられていたことをわからせてくれる資料であった。

ムン・オクチュさんは慰安婦として従軍し、軍隊内部で日本軍の本質を、鋭く、正確に見抜いていた。

そうであるから彼女は、十九年後の現在の日本の状況をつぎのように言い切っているのだ。

「わたしは、日本政府はこの問題をきちんと解決することはない、とみていますよ。なぜなら、慰安婦は韓国人だけではなかったのだからね。もしも、わたしたち韓国人に賠償することになれば、中国にも、台湾にも、ビルマにも、それからまだまだほかの国の女たちにも賠償しなければならなくなってしまう。それはたいへんなことで、そんなことを日本政府がするはずがない。

国というものはそんなものですよ。

だけどわたしたちは、日本人には大和魂というものがあって、それはたいそうきっぱりとして潔いものだ、と聞いています。大和魂はどうしたのですか」


（了）

＊ビルマ（現ミャンマー）およびその地名の表記は文玉珠さんの語りのままに統一しています。

参考文献（増補版）

『歩兵第二一三聯隊戦誌』（歩兵第二一三聯隊戦友会　昭和57年3月23日）
『検証　大東亜戦争史—天保一一年〜昭和二七年—』（狩野信行　芙蓉書房出版　2005年6月3日）
『ビルマ・シンガポールの従軍慰安所』（日本語仮訳版　資料解題安秉直、監訳堀和生・木村幹　2013年8月1日）
『アウン・サン——封印された独立ビルマの夢　現代アジアの肖像13』（根本敬　岩波書店）
『ビルマ脱出記』（田村正太郎、図書出版社）
戦史叢書『シッタン・明号作戦』（防衛庁防衛研修所戦史室　朝雲出版社）
『パゴダに捧ぐビルマの夕映え』（香川県ビルマ会、一五〜一九ページ記事『第五十五師団司令部楯八四〇〇』管理部輜重兵、師団司令部副官大西幸市）
『パゴダ』第三巻一〜一四号　高知県ビルマ英霊顕彰会（高知県パゴダ会　昭和52年6月〜58年8月）
『野戦局印を主とした　日本の軍事郵便』（大西二郎編　日本郵楽会昭和41年）

『続逓信事業史』第七巻（郵政省　昭和35年3月25日）
『南方軍復員史』（厚生省引揚援護局資料室　昭和32年10月）
『文玉珠　ビルマ戦線楯師団の慰安婦だった私』（語り文玉珠　聞き書き森川万智子　梨の木舎　1996年2月1日）

著者プロフィール
森川万智子（もりかわ　まちこ）
1947年　福岡県に生まれる
1965年　山口県立下関南高校卒業
1966～86年　下関郵便局などで働く
　　全逓労組の役員を15年間続ける
1987年～　出版社、編集プロダクション、
　　印刷会社などに勤務
1991年～　フリーライター・エディター
1997年　本書により第16回山川菊栄賞受賞
1997～98年　ビルマにビデオ・カメラをもって
　　長期取材する
1999年～　介護ヘルパーの傍ら実母を介護
2010～18年　介護施設経営
2016年　本書により第20回高良留美子女性文化賞
　　受賞
2019年　長野県安曇野市に転居
同年10月5日、病気により急逝

著者近影
©Yuriko Ochiai 落合由利子

■教科書に書かれなかった戦争　Part 22

文玉珠《ムンオクチュ》　ビルマ戦線　楯師団の「慰安婦」だった私［新装増補版］

1996年2月1日　初版発行
1997年3月10日　初版三刷
2015年4月20日　新装増補版発行
2019年11月24日　新装増補版二刷

語り・文玉珠／構成と解説・増補版解説　森川万智子

発行者：羽田ゆみ子

発行所：梨の木舎
〒101-0061 東京都千代田区神田三崎町2-2-12 エコービル1階
TEL.　03(6256)9517　FAX.　03(6256)9518
Eメール　info@nashinoki-sha.com
http://nashinoki-sha.com

印刷所：株式会社 太平印刷社　社会福祉法人 埼玉福祉会

DTP：具羅夢

35. 日本近代史の地下水脈をさぐる 一信州・上田自由大学への系譜	小林利通著	3000円	
36. 日本と韓国の歴史教科書を読む視点	日本歴史教育研究会編	2700円	品切
37. ぼくたちは10歳から大人だった 一オランダ人少年抑留と日本文化	ハンス・ラウレンツ・ズヴィッツァー著	5000円	
38. 女と男　のびやかに歩きだすために	彦坂諦著	2500円	
39. 世界の動きの中でよむ　日本の歴史教科書問題	三宅明正著	1700円	
40. アメリカの教科書に書かれた日本の戦争	越田稜著	3500円	
41. 無能だって？それがどうした?! 一能力の名による差別の社会を生きるあなたに	彦坂諦著	1500円	
42. 中国撫順戦犯管理所職員の証言一写真家新井利男の遺した仕事	新井利男資料保存会編	3500円	
43. バターン　遠い道のりのさきに	レスター・I.テニー著	2700円	
44. 日本と韓国の歴史共通教材をつくる視点	歴史教育研究会編	3000円	品切
45. 憲法９条と専守防衛	箕輪登・内田雅敏著	1400円	
47. アメリカの化学戦争犯罪	北村元著	3500円	
48. 靖国へは行かない。戦争にも行かない	内田雅敏著	1700円	
49. わたしは誰の子？	葉子・ハュス-綿貫著	1800円	
50. 朝鮮近代史を駆けぬけた女性たち３２人	呉香淑著	2300円	
51. 有事法制下の靖国神社	西川重則著	2000円	
52. わたしは、とても美しい場所に住んでいます	基地にNO!アジア・女たちの会編	1000円	
53. 歴史教育と歴史学の協働をめざして 一ゆれる境界・国家・地域にどう向きあうか	坂井俊樹・浪川健治編著	3500円	
54. アボジが帰るその日まで	李煕子・竹見智恵子著	1500円	
55. それでもぼくは生きぬいた 一日本軍の捕虜になったイギリス兵の物語	シャーウィン裕子著	1600円	
56. 次世代に語りつぐ生体解剖の記憶 一 元軍医湯浅さんの戦後	小林節子著	1700円	
57. クワイ河に虹をかけた男一元陸軍通訳永瀬隆の戦後	満田康弘著	1700円	
58. ここがロードス島だ、ここで跳べ、	内田雅敏著	2200円	
59. 少女たちへのプロパガンダ 一「少女倶楽部」とアジア太平洋戦	長谷川潮著	1500円	
60. 花に水をやってくれないかい？ 一 日本軍「慰安婦」にされたファン・クムジュの物語	イ・ギュヒ著/ 保田千世訳	1500円	
61. 犠牲の死を問う一日本・韓国・インドネシア	高橋哲哉・李泳采・村井吉敬 / コーディネーター内海愛子	1600円	
62. ビデオ・メッセージでむすぶアジアと日本 ――わたしがやってきた戦争のつたえ方	神直子著	1700円	
63. 朝鮮東学農民戦争を知っていますか? ――立ちあがった人びとの物語	宋基淑著 / 中村修訳	2800円	
64. 韓国人元BC級戦犯の訴え――何のために、誰のために	李鶴来著　解説 内海愛子	1700円	
65. 2015年安保、総がかり行動 一大勢の市民、学生もママたちも学者も街に出た	高田健著	1800円	
66. 歴史を学び、今を考える ――戦争そして戦後	内海愛子・加藤陽子 著	1500円	
67. ラケットはつくれない、もうつくれない ――戦時下、下町職人の記憶	青海美砂 著 五十嵐志朗 画	2000円	
68. 過去から学び、現在に橋をかける ――日朝をつなぐ35人、歴史家・作家・アーティスト	朴日粉 著	1800円	
69. 画家たちの戦争責任 ――藤田嗣治のアッツ島玉砕を通して考える	北村小夜 著	1700円	

●シリーズ・教科書に書かれなかった戦争——既刊本の紹介● 20.46.欠番 価格は本体表記(税抜)

1.	教科書に書かれなかった戦争	アジアの女たちの会編	1650円	
2.	増補版 アジアからみた「大東亜共栄圏」	内海愛子・田辺寿夫編著	2400円	
3.	ぼくらはアジアで戦争をした	内海愛子編	1650円	
4.	生きて再び逢ふ日のありや―私の「昭和百人一首」	高崎隆治撰	1500円	在庫僅少
5.	増補版 天皇の神社「靖国」	西川重則著	2000円	在庫僅少
6.	先生、忘れないで!	陳野守正著	2000円	
7.	改訂版 アジアの教科書に書かれた日本の戦争―東アジア編	越田稜編著	2200円	
8.	増補版 アジアの教科書に書かれた日本の戦争―東南アジア編	越田稜編著	2500円	
9.	語られなかったアジアの戦後―日本の敗戦・アジアの独立・賠償	内海愛子・田辺寿夫編著	3107円	品切
10.	増補版 アジアの新聞が報じた自衛隊の『海外派兵』と永野発言・桜井発言	中村ふじゑ他翻訳・解説	2700円	
11.	川柳にみる戦時下の世相	高崎隆治選著	1825円	
12.	満州に送られた女たち大陸の花嫁	陳野守正著	2000円	品切
13.	増補版 朝鮮・韓国は日本の教科書にどう書かれているか	君島和彦・坂井俊樹編著	2700円	品切
14.	「陣中日誌」に書かれた慰安所と毒ガス	高崎隆治著	2000円	
15.	ヨーロッパの教科書に書かれた日本の戦争	越田稜編著	3000円	
16.	大学生が戦争を追った―山田耕筰さん,あなたたちに戦争責任はないのですか	森脇佐喜子著・解説高崎隆治・推薦内海愛子	1650円	
17.	100冊が語る「慰安所」・男のホンネ	高崎隆治編著		品切
18.	子どもの本から「戦争とアジア」がみえる―みんなに読んでほしい300冊	長谷川潮・きどのりこ編著	2500円	
19.	日本と中国-若者たちの歴史認識	日高六郎編	2400円	品切
21.	中国人に助けられたおばあちゃんの手からうけつぐもの	北崎可代著	1700円	
22.	新装増補版・文玉珠-ビルマ戦線楯師団の「慰安婦」だつた私	語り・文玉珠/構成と解説森川万智子	2000円	
23.	ジャワで抑留されたオランダ人女性の記録	ネル・ファン・デ・グラーフ著	2000円	
24.	ジャワ・オランダ人少年抑留所	内海愛子他著	2000円	
25.	忘れられた人びと―日本軍に抑留された女たち・子どもたち	S・F・ヒュ-イ著・内海愛子解説	3000円	
26.	日本は植民地支配をどう考えてきたか	和田春樹・石坂浩一編	2200円	
27.	「日本軍慰安婦」をどう教えるか	石出法太・金富子・林博史編	1500円	
28.	世界の子どもの本から「核と戦争」がみえる	長谷川潮・きどのりこ編著	2800円	
29.	歴史からかくされた朝鮮人満州開拓団と義勇軍	陳野守正著	2000円	
30.	改訂版 ヨーロッパがみた日本・アジア・アフリカ―フランス植民地主義というプリズムをとおして	海原峻著	3200円	品切
31.	戦争児童文学は真実をつたえてきたか	長谷川潮著	2200円	
32.	オビンの伝言―タイヤルの森をゆるがせた台湾・霧社事件	中村ふじゑ著	2200円	
33.	ヨーロッパ浸透の波紋	海原峻著	2500円	
34.	いちじくの木がたおれぼくの村が消えた―クルドの少年の物語	ジャミル・シェイクリー著	1340円	品切

傷ついたあなたへ

――わたしがわたしを大切にするということ　6刷

NPO 法人・レジリエンス 著
A5判/104頁／定価1500円＋税

◆ＤＶは、パートナーからの「力」と「支配」です。誰にも話せずひとりで苦しみ、無気力になっている人が、ＤＶやトラウマとむきあい、のりこえていくには困難が伴います。
◆本書は、「わたし」に起きたことに向きあい、「わたし」を大切にして生きていくためのサポートをするものです。

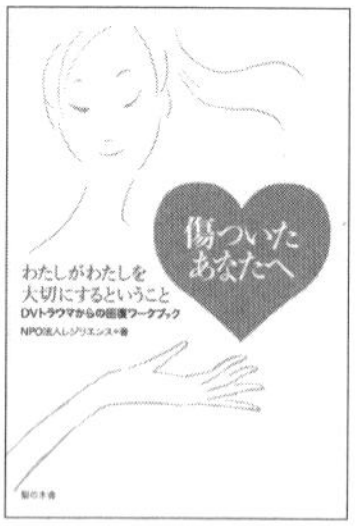

978-4-8166-0505-5

傷ついたあなたへ 2

――わたしがわたしを幸せにするということ　2刷

NPO 法人・レジリエンス 著
A5判／ 85頁／定価1500円＋税

ロングセラー『傷ついたあなたへ』の２冊目です。Ｂさん（加害者）についてや、回復の途中で気をつけておきたいことをとりあげました。◆あなたはこんなことに困っていませんか？　悲しくて涙がとまらない。どうしても自分が悪いと思ってしまう。明るい未来を創造できない。この大きな傷つきをどう抱えていったらいいのだろう。

978-4-8166-1003-5

愛を言い訳にする人たち

――DV加害男性700人の告白

山口のり子 著
A5判/192頁／定価1900円＋税

◉目次 1章 DVってなんだろう?／2章 DVは相手の人生を搾取する／3章 DV加害者と教育プログラム／4章 DV加害者は変わらなければならない／5章 社会がDV加害者を生み出す／6章 DVのない社会を目指して
◆加害者ってどんな人?　なぜDVするの?　加害男性の教育プログラム実践13年の経験から著者は言う､「DVに関係のない人はいないんです」

978-4-8166-1603-3

画家たちの戦争責任

――藤田嗣治の「アッツ島玉砕」をとおして考える

北村小夜　著A5判／ 140頁／定価1700円+税

あの時代、心も身体も、国に取り込まれた。今再びそんな時代になっていませんか？　と著者は問いかける。

◉目次　はじめに――軍国少女に育った私から10代のあなたへ／1　戦争画のゆくえ――隠されたままの戦争責任／２　そのころの子どもは、親より教師より熱心に戦争をした／３　戦争画を一挙公開し、議論をすすめよう!／４　戦争画のゆくえ――隠されたままの戦争責任／資料　新聞広告　1943年3月『帝国ニッポン標語集など

978-4-8166-1903-8

梨の木舎の本

奪われたクリムト
——マリアが黄金のアデーレを取り戻すまで

エリザベート・ザントマン 著／永井潤子・浜田和子 訳
A5変型／ 172頁／定価2200円＋税　カラー口絵・本文2色刷り

◉ 20 世紀最大の美術品スキャンダルを追う。
著者から日本の読者へ——「マリア・アルトマンが、自分が相続した「黄金のアデーレ」を取り戻そうとしたとき、小さなニットウェアの店を営んでいて、80 歳でした。奪われた絵を取り戻す計画が長期の、神経をすり減らすたたかいになることがわかったのちでも、決して怯みませんでした」

978-4-8166-1902-1

マイ・レジリエンス
——トラウマとともに生きる

中島幸子 著
四六判／ 298頁／定価2000円＋税

DV をうけて深く傷ついた人が、心の傷に気づき、向き合い、傷を癒し、自分自身を取り戻していくには長い時間が必要です。４年半に及ぶ暴力を体験し、加害者から離れた後の 25 年間、PTSD（心的外傷後ストレス障害）に苦しみながらうつとどう向き合ってきたか。著者自身のマイ・レジリエンスです。

978-4-8166-1302-9

しゃべり尽くそう！ 私たちの新フェミニズム

望月衣塑子・伊藤詩織・三浦まり・平井美津子・猿田佐世 著
四六判/190頁／定価1500円＋税

◉目次　言葉にできない苦しみを、伝えていくということ・伊藤詩織／女性＝アウトサイダーが入ると変革が生まれる——女性議員を増やそう・三浦まり／「先生、政治活動って悪いことなん?」子どもたちは、自分で考えはじめている——慰安婦」問題を教え続けて・平井美津子　／自発的対米従属の現状をかえるために、オルタナティブな声をどう発信するか——軍事・経済・原発・対アジア関係、すべてが変わる・猿田佐世

978-4-8166-1805-5

広がる食卓
——コミュニティ・レストラン

世古一穂 編著
A5判／ 156頁／定価1700円＋税

「分かち合いの経済」でいきませんか？ 参加型・地域循環型社会づくりの水先案内本です。
◉目次　1 コミレスってなあに？／ 2 モデルコミレスを紹介します／ 3 地域に広がるコミレス
●そこで暮らす人たちが、日々の食事や子育てや介護でつながり、分かちあう場です。地域の楽しくユニークな実践を紹介します。

978-4-8166-1901-4